Premio Querini-FURLA per l'arte

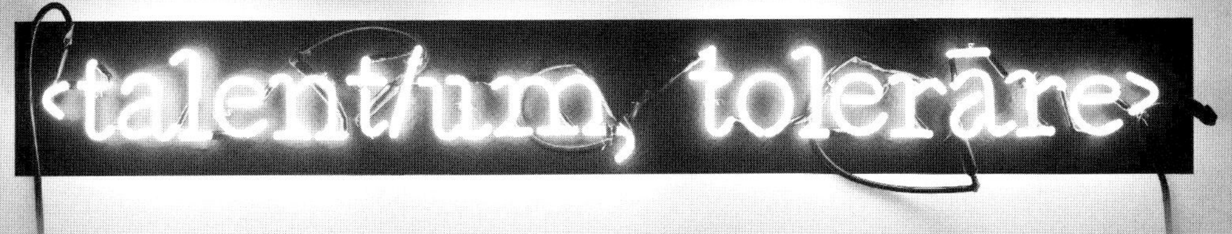

Giovani artisti italiani
Young Italian Artists

A cura di/Edited by
Chiara Bertola
Giacinto Di Pietrantonio
Angela Vettese

CHARTA

Immagine / Image
Joseph Kosuth

Coordinamento grafico
Graphical Coordination
Gabriele Nason

Coordinamento redazionale
Editorial Coordination
Emanuela Belloni

Redazione / Editing
Elena Carotti
Jane Bryant

Impaginazione / Layout
Daniela Meda

Traduzione / Translation
Judith Mundell
Jo Ann Titmarsh
Nexa s.a.s.

Referenze Fotografiche
Nanni Angelio
Claudio Franzini
Armin Linke
Attilio Maranzano
Romolo Ottaviani
Paolo Pellion
Sandro Scalia
Studio Blu
Armando Tomagra

Ci scusiamo se per cause
indipendenti dalla nostra volontà
abbiamo omesso alcune referenze
fotografiche.
We apologize if, due to reasons
wholly beyond our control, some
of the photo sources have not been
listed.

In copertina / Cover
Joseph Kosuth
talent/um, tolerāre
installazione neon / neon installation
2000

Edizioni Charta
via della Moscova, 27
20121 Milano
Tel. +39-026598098/026598200
Fax +39-026598577
e-mail: edcharta@tin.it
www.artecontemporanea.com/charta

Printed in Italy

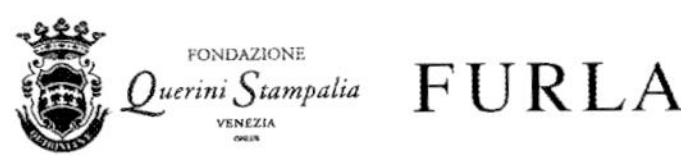

talent/um, tolerāre
Giovani artisti italiani
Young Italian Artists

Mostra degli artisti selezionati
Exhibition of short-listed artists

Venezia, Fondazione Querini
Stampalia
11 luglio - 24 settembre 2000
July 11 - September 24, 2000

Premio Querini-FURLA per l'arte
Prima Edizione 2000

Con il patrocinio di / Patronage
Ministero per i Beni e le Attività
Culturali

Curatore e ideatore
Curator and designer
Chiara Bertola

Consulenti / Advisors
Giacinto Di Pietrantonio
Angela Vettese

Immagine del Premio / Prize image
Joseph Kosuth

Coordinamento organizzativo
Organizational coordination
Dora De Diana
Marta Savaris

Ufficio Stampa / Press Office
Silvia Palombi Arte & Mostre,
Milano
Attila & Co, Milano
Echo comunicazione d'impresa,
Milano

Trasporti / Transportation
Marescalchi, Venezia

Si ringraziano:
We would like to thank:

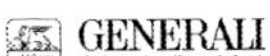

Agenzia Generale di Venezia Centro

Gli allievi del Corso di
Scenografia della professoressa
Maria Cristina Bandera, titolare
della cattedra di Storia dell'Arte
dell'Accademia di Belle Arti di
Venezia / The students of the Set
Design Course taught by Professor
Maria Cristina Bandera, Art
History Professor of the
Accademia di Belle Arti of Venice
(Federica Balbo, Chiara
Barichello, Viviana Carlet,
Elisabetta Cecconato, Maria
Clementel, Elena Danko, Cristina
Del Zotto, Anna Ferretti
Evangelista, Giovanna Fiorentini,
Claudia Franceschi, Michela
Mion, Cristina Moret, Chiara
Offeddu, Sasinka Osanna, Zita
Pichler, Alice Pizzinato,
Alessandra Stella, Susi Urbani,
Domenica Veneziano, Leda
Vizzini).

Ringraziamo in modo particolare /
We are especially grateful to
Giovanna Furlanetto

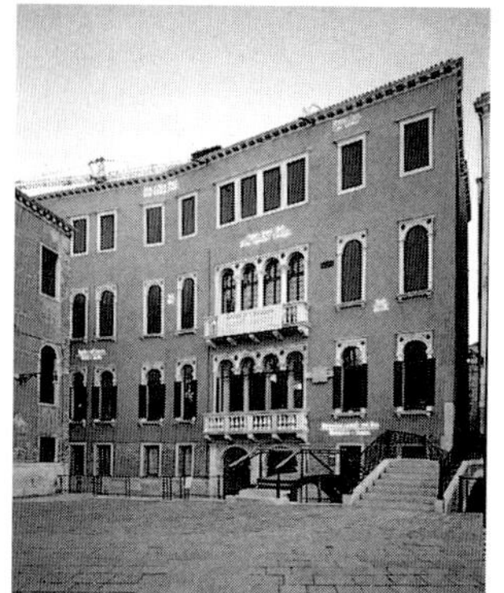

Giovanni Querini, nel testamento redatto nel 1869 che dava origine alla nostra istituzione, scriveva: "...e saranno determinati premi ed esperienze da destinarsi dall'Istituto medesimo, non esclusi quelli di Pittura, Architettura e Scultura."
La prima edizione del Premio Querini-FURLA per l'arte diventa quindi un evento speciale, che rinnova le volontà testamentarie e la lungimiranza del Fondatore, ma soprattutto è un segno della vitalità della nostra istituzione e si inserisce in quelle attività legate al contemporaneo che hanno sempre contraddistinto questo istituto fin dai tempi della direzione di Giuseppe Mazzariol.
Questo progetto è rilevante per un altro aspetto: l'incontro di un'istituzione culturale con una realtà imprenditoriale come FURLA, che ha creduto nel progetto collaborando non solo con impegno economico ed organizzativo, ma con grande sensibilità nei confronti della cultura e di quella contemporanea in special modo. Il valore del premio è sottolineato anche dal fatto che il Ministero per i Beni e le Attività Culturali ha dato il suo patrocinio, segno della qualità dell'iniziativa e dell'interesse che lo Stato ha nei confronti delle nuove forme artistiche.
Il Premio ha sede a Venezia, città della Biennale Internazionale d'Arte, quindi tradizionalmente votata al culto delle nuove discipline artistiche, ma è una novità per l'intero panorama italiano: per la prima volta nel nostro Paese si realizza un premio invitando i giovani artisti italiani o che si sono formati in Italia; per la prima volta si svolge una ricerca minuziosa sul territorio con lo scopo di offrire visibilità alla giovane creatività: dieci critici italiani hanno selezionato cinquanta artisti provenienti da tutte le regioni, una giuria nazionale ha poi vagliato i materiali per scegliere i cinque nomi che oggi inaugurano la mostra: Simone Berti, Sisley Xhafa, Eva Marisaldi, Paola Pivi e Alessandra Tesi. A loro deve essere rivolto un augurio per settembre, quando una seconda giuria internazionale dichiarerà il vincitore.
Il premio avrà cadenza annuale, sarà edito ogni volta un catalogo che darà conto di tutti i partecipanti al premio, diventando così un utile strumento di divulgazione. La Fondazione conta di poter creare, attraverso la raccolta dei materiali di tutti gli artisti selezionati, un aggiornato archivio di arte contemporanea. Ogni artista premiato donerà, anno dopo anno, un'opera a FURLA che inizierà così a costituire una collezione.
È doveroso perciò ringraziare prima di tutto la curatrice del premio, Chiara Bertola, nostra consulente per l'arte contemporanea, che con costanza e assiduo lavoro è riuscita a portare avanti questo progetto e a coinvolgere tanti attori di prestigio. Il ringraziamento si estende a Giovanna Furlanetto, presidente di FURLA, che si è impegnata in prima persona per tale progetto con grande entusiasmo.
I ringraziamenti poi devono essere estesi a tutti coloro che si sono prodigati per questa iniziativa credendoci fino in fondo. Ricordo fra tutti i supervisori del premio: Angela Vettese e Giacinto Di Pietrantonio; i dieci critici selezionatori; le due giurie, nazionale ed internazionale. Un grazie particolare va a Joseph Kosuth che ha fatto da "padrino" ai suoi giovani colleghi accettando di curare l'immagine grafica del premio.

Marino Cortese
Presidente della Fondazione Querini Stampalia

In his will of 1869 which gave rise to our institution, Giovanni Querini wrote: "…and prizes and assessments will be established to be conferred by the selfsame Institute, Painting, Architecture and Sculpture included."
The first edition of the Premio Querini-FURLA per l'arte is therefore a special event which carries on the testamentary volition and farsightedness of the Founder, but is above all emblematic of the vitality of our institution and an addition to those activities linked to contemporary culture which have always distinguished this institute since the days of Giuseppe Mazzariol's direction.
This project is important from another point of view: the union of a cultural institution with an entrepreneurial reality such as FURLA who has placed confidence in the project not only by contributing funds and providing organisation but also by showing great sensitivity towards culture and contemporary culture in particular.
The Ministry of Cultural Heritage and Activities' sponsorship of the prize emphasises how highly it is esteemed. It is a mark of the quality of the initiative and proof of the interest the Government takes in new artistic forms.
The prize has its headquarters in Venice, the city which hosts the International Art Biennale and therefore traditionally a steadfast supporter of new artistic disciplines. However, it is something entirely new to the Italian scene: for the first time in our country there is a prize for young Italian artists or artists trained in Italy; for the first time Italy is scoured with a view to making young artists conspicuous: ten Italian critics have selected fifty artists from all regions, a national jury has then sifted through materials to choose the five names which inaugurate the exhibition today: Simone Berti, Sisley Xhafa, Eva Marisaldi, Paola Pivi and Alessandra Tesi. We must wish them all the best for September when a second international jury will announce the winner.
The prize will be annual and each year a catalogue will be printed giving an account of all the participants, thus becoming an useful means of getting the participants known. The Foundation intends to create an up-to-date contemporary art archive by collecting work from each of the artists selected. Each year the prizewinner will donate a work to FURLA, who will thus begin to build up a collection.
Our special thanks go to the prize administrator, Chiara Bertola, our contemporary art consultant. With constant and diligent hard work she has succeeded in getting this project off the ground and enrolling the support of many prestigious individuals. Our thanks also go to Giovanna Furlanetto, FURLA's president , who has personally dedicated an immense amount of enthusiasm to the project.
Credit is also due to all those who have worked so hard on this project, having absolute faith in it. A special mention goes to two of the competition supervisors: Angela Vettese and Giacinto Di Pitrantonio: the ten critical judges; the two national and international juries, and a very special thank you to Joseph Kosuth who has been a "godfather" to his younger colleagues by agreeing to take on the prize's graphic image.

Marino Cortese
President of the Querini Stampalia Foundation

Tra i tanti paradossi del nostro Paese uno riguarda senza dubbio
l'atteggiamento nei confronti dell'arte, in particolare quella visiva.
L'Italia, culla dell'espressione artistica, ha un atteggiamento, sia da
parte delle istituzioni sia nei comportamenti dei cittadini, di scarsa
attenzione nei confronti di un bene inestimabile quale quello che
abbiamo ereditato con la creatività e l'ingegno di migliaia di artisti,
che hanno reso famosa la nostra terra sensibilizzando al "bello"
il mondo intero.
Così come questo patrimonio non deve andare disperso, anzi si deve
cercare di aumentarne la sua fruibilità attraverso una migliore
organizzazione delle attività museali ed espositive (cosa che,
va sottolineato, si sta tentando di sviluppare anche nel nostro Paese)
bisogna fare in modo che l'apporto culturale e innovativo offerto dalle
arti figurative continui a svilupparsi permettendo a tutti di migliorare
la propria sensibilità artistica.
Tra le arti dimenticate, o poco osservate, l'arte moderna. Motivo di ciò
è anche la scarsa diffusione e conoscenza che si riesce ad offrire
al grande pubblico sull'innovazione artistica.
Giovanna Furlanetto, Presidente e Amministratore Delegato
di FURLA, Società che produce accessori per la moda, crede che
l'industria possa contribuire alla conoscenza e alla diffusione dell'arte
figurativa moderna per continuare ad alimentare il processo creativo,
vitale per la nostra salute mentale oltre che per il miglioramento
dei rapporti tra i popoli che ha nell'arte un grande e insopprimibile
veicolo.
Lo spirito con il quale FURLA ha deciso questa operazione è quello
dell'aiuto a nuove forme artistiche indipendentemente da aspetti
di tipo promozionale o pubblicitario che potrebbero legare il premio
al prodotto FURLA.
Le due forme di comunicazione sono nettamente separate e tali
devono rimanere proprio per mantenere quelle caratteristiche
di totale autonomia del premio dal marchio che sono e saranno,
alla stregua di altre esperienze straniere, uno dei valori originali
del premio.
Anche per questo motivo FURLA non entra nel merito della scelta
degli artisti né tantomeno nel giudizio su chi si aggiudicherà il premio.
Così FURLA intende contribuire allo sviluppo dell'arte moderna.
FURLA ringrazia tutti coloro che hanno contribuito con un apporto
dapprima progettuale e poi operativo alla realizzazione del premio
e augura a tutti gli artisti partecipanti un radioso futuro.

FURLA Spa

Without doubt one of the many paradoxes of this country is our
behaviour towards art, in particular visual art. Despite being the
cradle of artistic expression, Italy's institutions and individuals pay
little attention to the inestimable artistic wealth we have inherited,
thanks to the creativity and talent of thousands of artists who have
made our country's "beauty" famous all over the world.
This wealth should not be lost, but rather augmented through the
improved organisation of museums and exhibition sites, which, it
should be emphasised, is beginning to happen in Italy. It is essential
that the cultural and innovative contribution offered by figurative art
should continue to develop and to allow greater artistic sensibility.
Among the forgotten or little noticed forms is modern art. One of the
reasons is the lack of diffusion and knowledge of artistic innovation
that can be offered to the general public.
Giovanna Furlanetto, President and Managing Director of FURLA,
a company which produces fashion accessories, believes that industry
can contribute to the knowledge and diffusion of modern figurative art
in order to continue to nourish the creative process essential both for
our mental health and for the improvement of relations between
populations who have in art a great and unsuppressible vehicle.
FURLA has decided to embark on this operation in order to help new
artistic forms independent of promotional and advertising aspects that
could in any way link the prize to FURLA products.
The two forms of communication are completely separate and should
remain so in order to maintain the total independence of the award
from the brand name. This is and will be one of the fundamental
values of the prize, following the same lines as similar foreign events.
It is also for this reason that FURLA is not involved in choosing the
artists, nor included on the panel selecting the final winner.
In this manner FURLA intends to contribute to the development
of modern art.
FURLA would like to thank all those who have contributed both before
and during the realisation of the prize, and it wishes all the
participating artists a brilliant future.

FURLA Spa

La Fondazione Querini Stampalia e FURLA per l'arte promuovono un premio per artisti italiani.
Il progetto si intende come un appuntamento annuale e si prefigge di portare all'attenzione
del pubblico italiano e internazionale i nuovi talenti. La volontà è quella di svolgere una ricerca minuziosa
sul territorio italiano con lo scopo di offrire visibilità ai cinque artisti giudicati tra i più interessanti.

Curatrice del premio è Chiara Bertola
con la consulenza di Giacinto Di Pietrantonio e Angela Vettese.

Il premio è stato concepito esclusivamente a invito (senza limitazione di tecnica artistica)
in modo che la rosa dei concorrenti sia frutto di una selezione vasta ma di qualità.
L'assegnazione finale del premio si articola secondo diverse fasi:

Dieci critici d'arte italiani, incaricati di svolgere un'accurata ricognizione
su tutto il territorio nazionale, segnalano cinque artisti ciascuno.

Una prima giuria di critici, curatori e artisti italiani seleziona cinque finalisti
tra i cinquanta artisti presentati e sulla base dei materiali informativi raccolti.

La Fondazione Querini Stampalia ospita la mostra dei cinque finalisti.

Il premio Querini-FURLA per l'arte (30 milioni) viene assegnato a uno dei cinque artisti
sulla base del giudizio di una seconda giuria internazionale riguardo alle opere esposte.

Un'opera dell'artista premiato sarà donata a FURLA per l'arte
che in questo modo inizia a costituire una collezione d'arte contemporanea italiana.

Il catalogo documenta il lavoro dei cinque finalisti e rende conto anche della selezione iniziale
testimoniando in questo modo una mappa annuale
della situazione artistica italiana.

L'immagine del premio viene affidata ogni anno a un artista di fama internazionale,
che diventa padrino della manifestazione.

La collaborazione tra FURLA,
azienda bolognese leader internazionale nel settore della moda e degli accessori,
e la Fondazione Querini Stampalia di Venezia,
una tra le più antiche istituzioni culturali italiane,
è un esempio di come il mondo della produzione industriale e quello della cultura
possano collaborare per promuovere al meglio la creatività italiana.

The Fondazione Querini Stampalia and FURLA per l'arte are promoting a prize for Italian artists.
The project will be an annual event aimed at raising both Italian and international public awareness
of emerging artistic talents. The goal is to carry out a detailed search of Italy, with the intention
of offering visibility to the five artists judged as being the most interesting.

Chiara Bertola is the award organizer,
with the assistance of Giacinto Di Pietrantonio and Angela Vettese as consultants.

The prize is exclusively by invitation only (without limits of age or artistic technique)
so that the short-list of competitors is chosen from a wide range of high-quality artists.
The final assignation of the prize is divided into different phases:

Ten Italian critics, entrusted with the task of searching for talent throughout
the country, each choose five artists.

An initial jury of Italian critics, curators and artists selects five finalists
from the fifty artists presented and on the basis of the informative material gathered.

The Querini Stampalia Foundation hosts an exhibition of the five finalists.

The Premio Querini-FURLA per l'arte (30 million Italian Lire) is awarded to one of the five artists
on the basis of a judgement that a second, international jury expresses of the work exhibited.

A work by the prize-winning artist is donated to FURLA per l'arte,
who in this way can begin to build up a collection of Italian contemporary art.

A catalog documents the work of the five finalists and also includes information about
the initial selection, thus providing an annual map of the Italian artistic situation.

Each year the graphic image of the prize is entrusted to an internationally renowned artist,
who becomes the godfather of the event.

The association of FURLA,
the Bolognese business and world leader in fashion accessories,
with Venice's Querini Stampalia Foundation,
one of the longest established cultural institutions in Italy, is an example
of how the worlds of industrial production and culture
can collaborate in promoting Italian creativity.

Sommario/Contents

Conversazione

Chiara Bertola
Giacinto Di Pietrantonio
Angela Vettese

Chiara Bertola: Finalmente qualcosa che parte da Venezia riferito all'arte contemporanea e che non è sempre e solo la Biennale. Questo è per me un fatto rilevante che inserisce il lavoro che si sta facendo alla Fondazione Querini Stampalia in un raggio più ampio d'azione e di opportunità, facendo uscire dall'isolamento questa città lagunare. La Fondazione Querini Stampalia sta infatti cercando di diventare punto di riferimento per l'arte contemporanea non solo in città, ma anche in relazione alle istituzioni nazionali e internazionali con un programma di mostre e di conferenze che dia sì attenzione ad artisti già conosciuti, ma faccia anche conoscere l'arte italiana più interessante all'estero. Gli incontri di "invito al contemporaneo", partiti con un'attenzione tutta italiana, si sono consolidati aprendosi poi alla costruzione di una rete di scambi con curatori, artisti e istituzioni interessanti in giro per il mondo. Il progetto del Premio Querini-FURLA s'inserisce in quest'azione di divulgazione e promozione degli artisti italiani: cerca di farli conoscere all'estero attraverso un lavoro di selezione e di qualità, che in ultima battuta viene proposto a una giuria internazionale composta di persone, quasi tutti direttori di centri di arte contemporanea. L'incontro con uno sponsor particolare e sensibile come Giovanna Furlanetto, che ha capito l'importanza di sostenere un progetto duraturo nel tempo, ha reso possibile quest'idea. Il fatto che il Premio sia annuale può realmente costituire una base di lavoro solida su cui costruire qualcosa per gli artisti italiani. Solo nel tempo e con la qualità confermata di anno in anno, qualcosa di serio può crescere e diventare punto di riferimento attraverso cui riuscire a selezionare la migliore arte italiana e attivare su di essa l'attenzione degli operatori internazionali. Perché penso sia questo il punto più importante e molto spesso dimenticato nelle strategie degli addetti ai lavori, cioè preoccuparsi di esportare, di far conoscere e sostenere fuori dall'Italia gli artisti. Mi auguro soprattutto questo dai lavori del Premio, dalle giurie, dai critici invitati a segnalare i cinquanta artisti iniziali, dalla giuria internazionale che deve indicare il vincitore.

L'Italia non è generosa con i suoi artisti – questo si sa – anche se in questi ultimi anni si è visto un fiorire di Premi e Borse di studio non solo per italiani, ultimo il Premio del Ministero dei Beni Culturali che speriamo duri nel tempo, mentre già da tre anni continua – anche grazie a sponsor privati – la Borsa di studio per il P.S.1 di New York.

Il Premio Querini-FURLA per l'arte è il primo premio solo per artisti che vivono e operano in Italia a essere a invito, e potrebbe costituire una buona partenza su cui cominciare a lavorare per far conoscere i nostri artisti all'estero.

Giacinto Di Pietrantonio: Fare, sostenere l'arte, la cultura contemporanea è sempre una cosa ottima, ma lo è ancora di più in Italia, dove il contemporaneo è posto istituzionalmente ai margini della società, quasi una pratica *underground*. Il Premio Querini-FURLA risulta essere quindi ancor più interessante, perché non è solo un semplice sostegno dato agli artisti, ma attraverso questo, contribuisce alla modernizzazione del paese. Il lavoro degli artisti è sempre l'immagine futura del mondo che si fa nel presente, la proiezione di realtà avanzate dei processi della quotidianità che questo premio è deciso a sostenere. In tal senso il connubio fra industria e arte ha una positività cruciale, come lo ebbe in passato il mecenatismo illuminato di Signorie, Principati e Papati. Difatti, se allora l'arte fu resa possibile grazie alle opportunità date agli artisti, oggi, con questo premio, avviene qualcosa di simile, permettendo agli artisti di dare visibilità al loro visivo. Però non bisogna pensare il premio solo come un riconoscimento economico dato al vincitore, ma come opportunità data a noi, pubblico di specialisti e non, di vedere una mostra significativa di alcuni degli artisti italiani più interessanti che in questo caso la selezione della giuria ha voluto che fossero: Simone Berti, Eva Marisaldi, Paola Pivi, Alessandra Tesi e Sisley Xhafa. Quello che salta agli occhi è la pluridirezionalità espressiva di questi artisti che non si presentano con una soluzione stilistica fissa, ma con la proposta di opere che si servono di molte varietà espressive che vanno dalla pittura alla scultura, dalla fotografia al video, dall'installazione alla performance. Ciò denota una libertà espressiva che va contro la timidezza dello stile a favore di un approccio sperimentale ed esperienziale nei confronti dell'arte, espresso dal mondo del vicino e del lontano di Berti, dalla leggerezza della vita di Marisaldi, dall'energia fisica e psichica delle cose di Pivi, dal luccichio dello spazio di Tesi e dalla clandestinità dell'essere e del non essere di Xhafa.

Angela Vettese: La selezione che la giuria ha fatto quest'anno ha dovuto forzatamente escludere altri artisti, proprio mentre era almeno un ventennio che non si verificava un fermento simile pur nella diversità delle poetiche, si affaccia finalmente in Italia una generazione non solamente nuova, ma anche armata di quel tanto di velleità che l'aiuteranno nel suo sbocco internazionale. Questo vorrei che fosse il Premio Querini-FURLA: un'occasione di visibilità per l'arte di questa generazione. Se durerà, come ci auguriamo, molti anni, questo premio avrà poi il merito di essere uno strumento per ricostruire la storia dell'arte italiana anche nei suoi momenti di debolezza. Vorrei anche sottolineare il fatto che l'Italia è pressoché l'unico dei paesi industrializzati a non essersi ancora accorto del potere mediatico dell'arte: Stati Uniti, Inghilterra, Germania, Francia, Svizzera, Spagna, Olanda, Belgio, Giappone, Corea le hanno da tempo reso omaggio con musei che sono quasi mausolei; hanno capito che il luogo per comprendere e celebrare il presente, nell'inesausto bisogno di immagini che caratterizza tutta l'umanità, ma soprattutto un'umanità globalizzata e interetnica, risiede proprio nel territorio non-verbale dell'arte visiva. Da un certo punto di vista la situazione italiana, piena di piccoli musei e piccoli premi, rispecchia il tradizionale policentrismo del paese e la nostra refrattarietà a credere troppo nei luoghi di potere centralizzati. Se vogliamo, inoltre, l'arte contemporanea italiana non si è ancora rassegnata a fare parte di uno *show business* che è solo un poco più raffinato di quello del cinema. Dall'altro lato, però, le carenze strutturali italiane sono gravi perché non favoriscono l'esposizione del lavoro e, quindi, anche la sua maturazione. Gli artisti italiani non hanno occasioni espositive, non possono permettersi il lusso del rifiuto, ma neppure il diritto alla crescita dopo una lunga esperienza sul campo. Un artista non "nasce imparato", ha bisogno di provare e riprovare, di avere stimoli sempre più elevati per mettere a punto le sue doti inventive e realizzative. Quindi ben venga un Premio serio, che si propone come un'occasione in più data agli artisti di fare opere, di esporle, di farle vedere al pubblico internazionale che caratterizza Venezia.

C.B.: Quando abbiamo chiesto ai dieci critici di segnalare e invitare ognuno cinque artisti, l'indicazione che abbiamo dato era quella di far venire fuori la qualità di un'ultima generazione anche se il Premio non aveva limitazioni di età. Così infatti è stato fatto, e i cinquanta nomi – su cui la prima giuria ha lavorato – hanno restituito una "mappa" artistica dell'ultima generazione italiana all'interno della quale la giuria ha potuto rilevare e sottolineare nuove presenze interessanti e non conosciute prima. Durante la discussione della giuria, infatti, è stato possibile mettere a fuoco e approfondire il lavoro di molti artisti di cui non si conosceva troppo bene il lavoro. Tra queste presenze di artisti più giovani e poco conosciuti ci sono state poi le segnalazioni di artisti più noti e già sedimentati nella cultura contemporanea nazionale. La scelta della giuria, per questa prima edizione, è stata credo anche quella di proporre delle ricerche il più possibile differenziate e comunque capaci di attirare su di sé l'attenzione di uno sguardo non solo nazionale. Il destino di questo Premio potrebbe essere, in piccola parte, vicino a quello di importanti altri Premi nazionali, per questo non si è esitato a segnalare un gruppo di artisti magari più noti ma il cui valore qualitativo era indiscutibile. È importante iniziare a ragionare in termini di "Arte italiana" e non tifare per piccoli gruppi nazionali che esauriscono, in faticose contrapposizioni tra città, la creatività straordinaria che esiste in questo nostro paese. L'opposizione di "giardini" e "orti conclusi" non aiuta certo l'arte italiana a uscire fuori dal recinto provinciale in cui rischia di rinchiudersi.

Pensare e agire collettivamente tenendo conto della qualità e delle diversità che la scena nazionale soprattutto in queste ultime generazione sembra dimostrare di avere. Dalla prima edizione del Premio Querini-FURLA e dalla mostra dei cinque finalisti che presentiamo, mi sembra venga fuori questa indicazione e questa forza che lasciano ben sperare per un futuro che può ambire a spazi e riconoscimenti assolutamente extra-confine.

G.D.P.: Tutto vero, tutto chiaro e nessuno si illude che oggi l'arte non abbia bisogno di strutture di tutti i tipi per avere visibilità e per questo abbiamo creato il Premio Querini-FURLA, in quanto necessario a evidenziare la qualità dell'arte. Si tratta di un lavoro che una nuova generazione di artisti porta avanti oramai da diversi anni, proponendo opere che parlano di una nuova sensibilità dell'esistenza. Ecco, allora, che offrire lo speciale palcoscenico di Venezia è una grande opportunità. È in questa città d'acqua, infatti, che nel secolo scorso è nata la Biennale di Venezia, una delle manifestazione che ancora oggi resiste come una delle più importanti dell'arte contemporanea rivolta a promuovere i giovani talenti; è qui che la Peggy Guggenheim ha fissato la sua dimora in cui ospitare la nuova arte ed è da qui che oggi la Querini Stampalia e la FURLA danno modo di ripartire per una nuova sfida avventurosa nella individuazione del nuovo e del futuro dell'arte che apre in direzione del terzo millennio. E direi che come inizio del nuovo millennio la selezione operata dalla giuria va in direzione della molteplicità e della complessità espressiva, premiando una libertà creativa priva di inibizioni, volta a rappresentare l'Italia come un Paese fatto di tanti paesi e civiltà. Certo, questa varietà può anche disorientare, ma è ciò che fa la differenza, la diversità come qualità. Diverso è infatti Sisley Xhafa artista albanese-italiano, o italo-albanese che ci propone opere in cui lo sguardo irregolare dello straniero è nuova condizione dell'essere e del vedere di questa nuova era multiculturale. Diversa è Alessandra Tesi nel descrivere e mostrare la discrezione della scena. Diversa è Paola Pivi che propone opere in cui la potenza della forma e dell'immagine ha sempre qualcosa di titanico che ci costringe all'angolo, una forza visiva che non ci concede via di scampo. Diversa è Eva Marisaldi che al contrario arriva in punta di piedi con opere silenziose, in cui il più delle volte non riesci a distinguere dove finisce la creatività quotidiana e dove inizia l'arte. Diverso è Simone Berti che con le sue immagini e forme ci fa avvertire il senso dell'instabilità dell'essere, portandoci a riflettere sulla precarietà e sul senso di mancanza dell'esistenza. E di questa diversità il Premio Querini-FURLA vi parlerà e mostrerà.

A.V.: Certo, tutti gli artisti che presentiamo sono diversi quanto a poetica e modalità operative, benché io pensi che abbiano molto in comune. Non che io voglia parlare di un "gruppo", penso che non sia più il tempo dei raggruppamenti artistici né tantomeno una simile operazione sarebbe proponibile nell'ambito di una mostra che, come questa, nasce da una selezione e dal desiderio di monitorare una situazione comunque vasta.

Ma penso che i cinque artisti che la giuria ha finito col selezionare condividano innanzitutto l'operare nell'epoca del post-medium, ovvero, dopo che, finalmente, non conta assolutamente più nulla per giudicare l'attualità o il valore di un'opera la tecnica scelta per realizzarla: che sia pittura o sia Internet, oggetti quotidiani ricontestualizzati o proiezioni video. In secondo luogo, malgrado la cultura di Sisley Xhafa non sia originariamente italiana, penso che persino lui abbia assorbito un poco di quell'attaccamento alla forma che ci è proprio in quanto italiani, diciamo anche latini o mediterranei, e che, negli scorsi anni, è stato in fondo un ostacolo di fronte al manifestarsi di un'arte anglosassone profondamente iconoclasta. Tutti gli artisti scelti, infatti, sono creatori di immagini assai più che di azioni. Infine, anche se può apparire contraddittorio rispetto a quanto appena detto, questi artisti hanno già incominciato a lavorare su di un piano transnazionale, cioè in un contesto non solamente italiano e che, diversamente da quanto accadeva anche solo pochi anni or sono, pare finalmente disposto ad accettare una cultura artistica fatta di differenze più che di omologazione. O quantomeno questa è la mia speranza, perché soltanto un'arte che prescinde finalmente dal mezzo, che sa essere radicata in un luogo e che agisce però esportando con facilità se stessa oltre i propri confini può davvero trovare i canali di comunicazione che merita.

Chiara Bertola,
Giacinto Di Pietrantonio,
Angela Vettese

A conversation

Chiara Bertola: Finally something from Venice to do with contemporary art which is not perpetually and solely the Biennale. This, in my opinion, is an important fact and a part of the work being done at the Querini Stampalia Foundation in a wider context of activity and opportunity, enabling this lagoon city to come out of its isolation. The Querini Stampalia Foundation is seeking to become a point of reference for contemporary art not only in the city but also on a national and international level with a programme of exhibitions and conferences featuring artists who are already known and at the same time giving currency overseas to the most interesting Italian art. The sessions entitled *Invitation to the Contemporary*, which were begun in particular Italian fashion, are now established and have broadened into a network of exchanges with interesting administrators, artists and institutions around the world. The Premio Querini- FURLA per l'arte project is part of this diffusion and promotion of Italian artists in an attempt to advertise them abroad by a process of selection and quality which, in the last instance, is presented before an international jury composed of people who are almost all directors of contemporary art centers. The meeting with a special and sensitive sponsor like Giovanna Furlanetto who understands the importance of supporting an enduring project has made this possible. The fact that the prize is annual may really lead to a serious and solid base being constructed, which is something Italian artists can build on. Only in time by attesting the quality year in year out can something of consequence thrive and become a yardstick against which the best Italian art can be selected, while at the same time drawing international operators' atten-

tion to it. Because I think that this is the most important point and all too often forgotten when talking about working strategies – concern about exporting, getting artists known and backed abroad. I hope this is, above all, the result of the work done for the prize, the juries, the critics invited to select the initial fifty artists and the international jury which should pronounce the winner.

Italy is not generous with its artists – we know this– even though recently we have seen a flourishing of Prizes and Scholarships not only for Italians, the latest one being the Prize awarded by the Ministry of Cultural Heritage, which we hope will continue, while the newyorker P.S.I. scholarship has been awarded for the last three years.

The Premio Querini-FURLA per l'arte is the first prize to be established by invitation only for artists who live and work in Italy, and this could be a good beginning to work on in order to get our artists known abroad.

Giacinto Di Pietrantonio: Making, backing art, contemporary culture is always an excellent thing, but especially so in Italy where contemporary art is institutionally pushed to the margins of society, almost an underground practice. The Premio Querini-FURLA is therefore even more interesting because it is not merely a support given to artists but contributes to modernizing the country. The artists' work is always the future image of the world made in the present, the projection of the advanced realities of everyday processes that this prize has been destined to uphold. In this sense the marriage of industry and art is crucially positive, just as the illuminated patronage of Signorie, Principati and Papati was in the past. In fact, if art was then made possible thanks to the opportunities offered to the artists, today, this prize now allows something similar to happen, enabling the artists to get their work seen. However, the prize must not be thought of as merely a cash sum awarded to the winner, but as an opportunity we, a public of specialists and non-specialists, have been given to witness an important exhibition of some of the most interesting Italian artists determined in this case by the verdict of a jury: Simone Berti, Eva Marisaldi, Paola Pivi, Alessandra Tesi and Sisley Xhafa. What stands out is the expressive "multidirectionality" of these artists who do not have a fixed style but give us works which draw on many varieties of expression, from painting to sculpture, from photography to video, from installation to performance. This denotes an expressive freedom which rejects timidity of style in favor of an experimental and experiential approach to art, expressed by Berti's near and far world, Marisaldi's lightness of life, Pivi's physical and psychic energy of things, Tesi's sparkling space and Xhafa's clandestine business of being and not being.

Angela Vettese: The selection made by the jury this year had necessarily to exclude other artists, while it's been at least twenty years since we last witnessed a similar furore. Although each has a different way of making art, we finally have in Italy a generation which is not only new but also armed with that dose of foolish ambition which will help them to make their international debut. I would like the Premio Querini-FURLA per l'arte to be this: an opportunity to give visibility to this generation of artists. If it lasts for as many years as we wish it to, this prize will have the merit of being an instrument for resurrecting Italian art in its moments of weakness. I would also like to underline the fact that Italy is almost the only industrialized country not to have yet realized the media power of art: the United States, England, Germany, France, Switzerland, Spain, Holland, Belgium, Japan, and Korea have paid homage for some time with museums which are practically mausoleums; they have understood that the non-verbal territory of visual art is the best place to comprehend and celebrate the present, bearing in mind the unquenchable thirst for images which characterizes the whole of humanity and globalized and interethnic humanity above all. From a certain point of view the Italian situation, characterized by small museums and small prizes, mirrors the polycentric tradition of the country and the refractoriness of our belief in centralized power. If you like, moreover, Italian contemporary art has not yet resigned itself to taking part in a form of *show business* which is just slightly more sophisticated than the cinema. On the other hand however Italian structural deficiencies are grave because they do not favour the exposure and therefore the blossoming of work. Italian artists do not have the opportunity to exhibit their work; they cannot allow themselves the luxury of a refusal or even the right to grow after years of experience in the field. An artist is not born an artist; he needs to try over and over again, to be exposed to ever greater stimuli in order to refine his inventive and practical skills. Therefore I warmly welcome a serious prize which is a further opportunity for artists to do works, to exhibit them, to have them seen by the kind of international public which characterizes Venice.

C.B.: When we asked the ten critics to each

pick and invite five artists, the guideline we laid down was to bring out the quality of the current generation, even though the prize had no age limit. This is in fact what happened and the fifty names – on which the first jury worked – gave us an artistic "map" of the current Italian generation upon which the jury was able to pinpoint and spotlight new, interesting, and previously unknown presences. During the jury's deliberation, in fact, it was possible to focus on and study the work of many artists whose work wasn't so well known. Among these younger and not so well-known artists there were also mentions of more established artists known to Italian contemporary culture. The jury's choice, in this first edition, was, I believe, also meant to cover the widest range as well as to attract international attention. The destiny of this prize could be in some small measure analogous to that of other national prizes. That is why they did not hesitate to pick a group of artists who are perhaps more well-known but whose quality is unquestionable. It is important to begin to reason in terms of "Italian Art" and not root for small local groups - an attitude which drains the extraordinary creativity we have in our country in exhausting rivalry between cities. The opposition of "gardens" and "cloistered orchards" certainly does not help Italian art to escape from the provincial prison it risks shutting itself into.

Therefore, the key is thinking and acting collectively, bearing in mind the apparent quality and diversity, above all of the youngest generation on the international scene. From the first edition of the Premio Querini-FURLA per l'arte and the exhibition of the five finalists we are setting up, I feel this sign and strength emerging which gives us a lot of hope in a future which can aspire to foreign scopes and recognition.

G.D.P.: All this is true and obvious and nobody is laboring under the illusion that art today has no need of all kinds of structures in order to be visible; this is why we created the Premio Querini-FURLA, a necessary step to stress the quality of art. This is a job that a new generation of artists has been doing for many years now, proposing works which speak of a new existential sensitivity. This is why having Venice as a stage is a great opportunity. It is in this watery city in fact that the Venice Biennale was born in the last century, an event which remains one of the most important Italian contemporary art forums for promoting young talent; it is here that Peggy Guggenheim took up residence and gave a roof to new art and it is here that the Fondazione Querini Stampalia and FURLA today are enabling us to set off on a new challenging adventure in order to spot the new and the future of art as it heads for the third millennium. And I would say that like the beginning of the new millennium the choice made by the jury is characterized by expressive multiplicity and complexity, rewarding a creative freedom lacking in inhibition, aimed at representing Italy as a country made up of many towns and civilizations. Certainly this variety can be disorienting, but it is what makes the difference, diversity as quality. Sisley Xhafa, an Albanian-Italian or Italo-Albanian artist, is different. He gives us art in which the unusual perspective of a foreigner is a new condition of existing and observing in this new multicultural era. Alessandra is different with her portrayal and representation of the diversity of the scene. Paola Pivi is different with her work in which the power of form and image always has some titanic quality which forces us into a corner, a visual strength which brooks no escape. Eva Marisaldi is different, coming up on tiptoe with silent works in which most of the time you are unable to distinguish where everyday creativity ends and art begins. Simone Berti is different with his images and shapes which inform us of the instability of being, leading us to reflect on the precariousness and sense of lack of existence. And this is the diversity the Premio Querini-FURLA per l'arte prize will express and show you.

A.V.: It is true, all the artists we present are different in terms of their art and their technique, although I think they have a lot in common. It is not that I want to speak of a "group;" in my opinion there are no longer artists groups and still less would such an operation be possible in the orbit of an exhibition which, like this one, is fruit of a selection and a desire to monitor an anyway vast situation.
But I think that the five artists the jury eventually chose share in the first place the fact they work in the post-medium era, or rather that finally it absolutely doesn't matter in the least what technique has been used when judging the relevance or value of a work of art. Whether it's a painting or the Internet, everyday objects in a different context or video-projections. In the second place, despite the fact that Sisley's culture is not originally Italian, I think that even he has absorbed a little bit of that attachment to form which is Italian, or let say Latin or Mediterranean, and which in recent years has basically been an obstacle in the face of a profoundly iconoclastic Anglo-Saxon art. Every artist chosen is in fact a creator of images rather than actions. Lastly,

although it may seem contradictory in the light of what I have just said, these artists have already begun to work on a trans-national level, that is in a not merely Italian context which, unlike what was happening just a few years ago, appears finally willing to accept an artistic culture made up of differences rather than standardizations. Or at least this is my hope, because only an art which finally disregards technique, which is rooted in a place but which is able to effortlessly export itself beyond its own borders can really find the channels of communication it merits.

talent/um, tolerāre

Joseph Kosuth

L'opera che ho realizzato per il Premio Querini-FURLA per l'arte si basa sull'origine della parola talento. L'opera gioca su due aspetti: il primo è il nostro concetto di *abilità* – da talento – che è legato alla sua antica accezione di "una somma di denaro". Il secondo aspetto è "tolerāre", "sostenere" nel suo significato latino originario. Ho costruito quest'opera poiché ho sentito che sostenere i giovani artisti è molto importante e che tutti noi abbiamo un ruolo e una responsabilità in questo processo. La spesa destinata al supporto degli artisti nei momenti più difficili è marginale rispetto a quella destinata dalle varie istituzioni ogni anno per la cultura. Fare arte significa essenzialmente creare un significato. Gli artisti privi di un supporto indipendente dal mercato dell'arte, si trovano spesso costretti a trovare il significato delle loro opere in quello definito dal mercato stesso. Il benessere sociale e politico della nostra società dipende, in parte, dall'attività degli artisti. Oggi, uno dei compiti più difficili per l'artista è quello di spiegare la nostra attività a una società super pragmatizzata e minacciata dalla necessità di obiettivi a breve termine.

Lo stesso desiderio è stato ormai digitalizzato. Consideriamo per un momento il valore dell'attività dell'arte e quello della sua produzione verso la società. Per fare questo, bisogna guardare dove risiede il potere nella nostra società, ovviamente dalla parte dei leader politici e degli uomini d'affari, e quindi capire l'importanza della loro responsabilità nel sostenere progetti con significati a lungo termine.

Nell'ambito delle loro professioni, anche i leader politici e gli uomini d'affari sono pressati per realizzare progetti a breve termine: essere rieletti o dimostrare un profitto. Un elemento importante nella costruzione del nostro *insieme* sociale sono gli individui come gli artisti, individui che hanno motivazioni diverse, rappresentano un differente sistema di valori e che, attraverso il proprio lavoro con progetti a lunga scadenza, conferiscono un peso culturale a una prospettiva sociale. Con le loro opere gli artisti manifestano il genere di domande che i filosofi ponevano una volta, improponibili nella società contemporanea. In una società in cui fiorisce l'arte, fiorisce qualsiasi altra cosa.

talent/um, tolerāre

Joseph Kosuth

The work I have done for the Premio Querini-FURLA per l'arte based on the origin of the word talent. The work plays on two aspects: the first is our concept of *ability* – from talent – which is joined together with its ancient meaning of "a sum of money." The second aspect is "tolerāre," which in the original Latin means "to support." I have created this work for this occasion because
I felt that supporting young artists is of great importance, and that there is a role and responsibility for all of us in this process.
If you consider the amount of money spent by various institutions each year on culture, the amount spent on supporting artists at their most vulnerable moment is minuscule. The activity of making art is essentially that of creating meaning. Without support that is independent of the art market artists often are put in the position of finding the meaning of their work defined there. The social and political health of our society depends, in part, on the activity of artists. One of the most difficult tasks for the artist today is to explain our activity to a society which is

over-pragmatized and threatened by the needs of short-term goals. Even desire itself has been digitalized.
We might consider for a moment the value of the activity of art itself to society as well as the value of its production. To do that one must look at where the power in our society lies, that is, with our political and business leaders, and then understand the importance of their responsibility in supporting projects which have long-term meaning.
As professionals, they themselves are under pressure to perform for short-term goals – getting re-elected or showing a profit.
An important element in the construction of our social *whole* are individuals, such as artists, who have a different kind of motivation, represent a different value system, and provide cultural weight to the social perspective by their practice of long-term goals. Artists, in their work, are manifesting the kind of questions which philosophers once asked, but which are no longer put forward in contemporary society. In a society in which art flourishes, so does everything else.

Simone Berti

Eva Marisaldi

Paola Pivi

Alessandra Tesi

Sisley Xhafa

Intervista a Simone Berti

Laura Cherubini

Laura Cherubini: Simone, puoi parlarci dei tuoi ultimi lavori, da quello della mostra Over the Edges di Gand, dove due uomini si trovavano ai lati di un portale su piccole impalcature quasi somiglianti a quello in cui, a Hyde Park a Londra, chi vuole può salire a parlare a tutti, ai lavori fotografici affini, con uomini sopraelevati da simili marchingegni o con gruppi di persone inquadrate da strutture metalliche?

Simone Berti: Effettivamente un legame c'è, anche se non previsto o premeditato, con gli oratori improvvisati di Hyde Park, soprattutto per le due foto che ritraggono gli uomini sul basamento. Immagino quei parlatori inglesi come dei viventi monumenti a se stessi; forse anche loro vedono già le loro statue: "Professore Archibald Smith, grande retore …". In quelle foto infatti gioca una parte anche l'aspetto monumentale che talvolta si incontra nella storia dell'arte, dalle statue degli imperatori romani alle sculture commemorative di uomini illustri. In quelle opere, buone o cattive che siano, il soggetto, oltre a essere su un piedistallo, fisicamente su un piano più alto rispetto al mondo, è spesso mostrato in atteggiamenti che lo astraggono dalla comune banalità del vivere. È un prode guerriero e il suo sguardo si spinge lontano, verso altissimi ideali conquistati o da raggiungere, è un pensatore e dalla sua espressione comprendiamo di non poterlo seguire nelle sue meditazioni ecc. Io credo che nei monumenti sia l'astrazione stessa a essere "rappresentata", nonostante la loro pesantezza e fisicità. Ed è l'astrazione che cerco di rappresentare nei miei lavori. Lo stesso vale per le immagini con le strutture di alluminio. L'interesse per le pose tipiche del ritratto fotografico mi ha portato a doverle sottolineare e a mettere in risalto le relazioni che legano gli elementi di un gruppo (una famiglia, colleghi di lavoro ecc.). In questo modo i frame in cui sono racchiusi isolano i gruppi delle foto, li rendono autosufficienti, astratti come monumenti.

L.C.: Ho sempre trovato molto interessante uno dei tuoi primi lavori, un video in cui tenti di plasmare un fascio di luce che entra da una finestra. Credo che ci sia già molto delle tue successive opere. Sei d'accordo, e se sì, cosa lega questo agli altri lavori?

S.B.: È stato uno dei primi tentativi di parlare dell'astrazione. Cercavo però anche di prendere le distanze dalla storia dell'arte pur continuando a utilizzare tecniche tradizionali. Nei lavori successivi si sono poi aggiunti e stratificati altri "sottocontenuti" ma sempre funzionali a quel primo scopo. Anche eventuali implicazioni con aspetti sociali, scientifici con la storia ecc. che vi si possono leggere sono importanti ma secondari.

L.C.: Rovesciare condizioni fisiche abitualmente giudicate normali. Questa sembra essere una delle tue intenzioni costanti, dal video in cui i personaggi camminano sui trampoli, a quello in cui una "normale" passeggiata di un gruppo di amici risulta simulata attraverso l'inversione del nastro che registrava i ragazzi mentre camminavano all'indietro, fino alla foto in cui tre ragazzi si sorreggono sospesi spalla a spalla tra due alberi. Che parte hanno avuto in questo i tuoi studi di fisica?

S.B.: Ogni metodo è buono, purché usato in modo preciso e pulito, per rendere sensibile un'idea. A volte estremizzare un concetto significa parlare del suo contrario e mi è difficile pensare a qualcosa di più astratto di una contraddizione. Un macigno di venti tonnellate potrebbe, almeno metaforicamente, sublimare in procedimento logico se "descritto" nel modo giusto. L'uomo di pietra de *I fantastici quattro* è praticamente un blocco di roccia, niente di più concreto, eppure è formato da cristalli geometricamente perfetti, disposti in maniera omogenea, probabilmente non possiede neppure organi interni.

L.C.: Penso che tu sia il più dotato e raffinato pittore della tua generazione, opinione confermata dal grande quadro con l'immagine di un pontile recentemente esposto nella galleria Massimo De

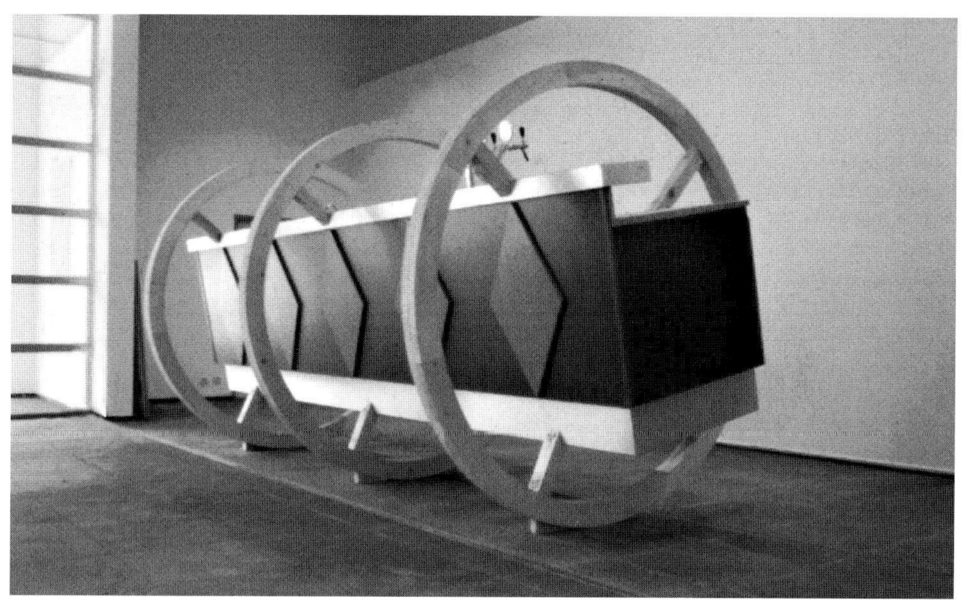

Senza titolo, 1998
legno, bilaminato/wood, laminboard, cm. 400x200x200
Courtesy Galleria Massimo De Carlo, Milano

Carlo a Milano. In che rapporto sta la pittura con gli altri lavori, video, fotografie o installazioni come quella con il bancone da bar sospeso tra tre grandi ruote acquistato dallo SMAK a Gand?

S.B.: Solo attraverso la conoscenza delle varie tecniche: pittura, fotografia, video ecc., si riesce a ottenere quello che si vuole. Tuttavia esse hanno per me una funzione descrittiva. Per esempio non mi interessa che i miei quadri siano fotograficamente realistici o posseggano particolari accenti lirici, almeno non per i miei attuali soggetti; la pittura deve essere "accademica". Allo stesso modo le mie foto devono essere tecnicamente standard. Non ho il gusto dell'effetto speciale gratuito e il mezzo in sé non mi interessa. Di volta in volta ogni lavoro "si" sceglie una tecnica attraverso la quale essere rappresentato, o meglio, allestito.

Interview with Simone Berti

Laura Cherubini

Laura Cherubini: Simone, can you tell us about your most recent work, from the exhibition Over the Edges in Ghent where there are two men standing beside a portal on low scaffolding, almost like Speakers Corner in Hyde Park, London where whoever wants to can get up and speak, to similar photographic work where men are raised up by similar contraptions or groups of people are framed by metallic structures.

Simone Berti: Actually there is a link, although not foreseen or premeditated, with the Hyde Park speakers, above all in the two photos which portray the men on the plinth. I imagine those English speakers as living monuments to themselves; perhaps they too already see their statues: "Professor Archibald Smith, great orator...." In those photos, in fact, the monumental features you sometimes come across in the annals of art, from the statues of Roman Emperors to the commemorative sculptures of illustrious men, play a part. In those works whether they're good or bad, the subject as well as being on a pedestal and on a physically higher plane than the rest of the world is often shown in attitudes which separate him from the ordinary banality of living. He is a valiant warrior and his gaze travels far off toward the loftiest ideals already conquered or yet to be reached. He is a thinker and from his expression we understand we cannot follow him into his meditations, etc. I think that in monu-

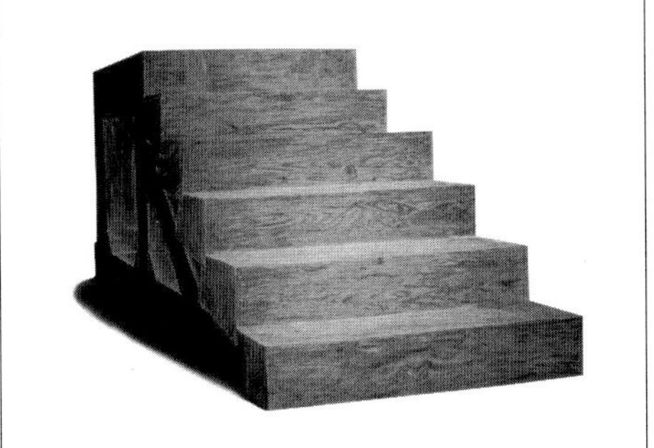

ments it is the actual abstraction which is "represented" despite their heaviness and physicalness. And it is abstraction that I try to represent in my work. The same goes for those images using aluminium structures. The interest in poses typical of photographic portraits has forced me to emphasize and throw into relief the relationships which link the elements of a group (a family, work colleagues, etc.) In this way the frames in which they are contained isolate the groups in the photos, making them self-sufficient and abstract like monuments.

L.C.: I have always found one of your earliest works interesting – a video in which you try to mould a shaft of light coming through a window. I think there is a lot of your subsequent work in this. Do you agree and, if so, what links this to your other work?

S.B.: It was one of my first attempts to speak of abstraction. I tried however to put some distance between myself and the history of art, while continuing to use traditional techniques. In subsequent work other "sub-contents" have been added and stratified, though they still serve the initial aim. Eventual social, scientific, and historical implications which may be read there are important but secondary.

L.C.: Reversing physical conditions usually judged to be normal. This appears to be one of your constant intentions, from the video where the characters walk on stilts to the one where a "normal" walk taken by a group of friends is simulated by inverting the tape which recorded them walking backwards, to the photo in which three young people hold each other up shoulder to shoulder between two trees. What part did your study of physics have in this?

S.B.: Every method is valid as long as it is used in a precise and clear way to make an idea tangible. Sometimes taking a concept to an extreme means speaking of its opposite and I find it hard to think

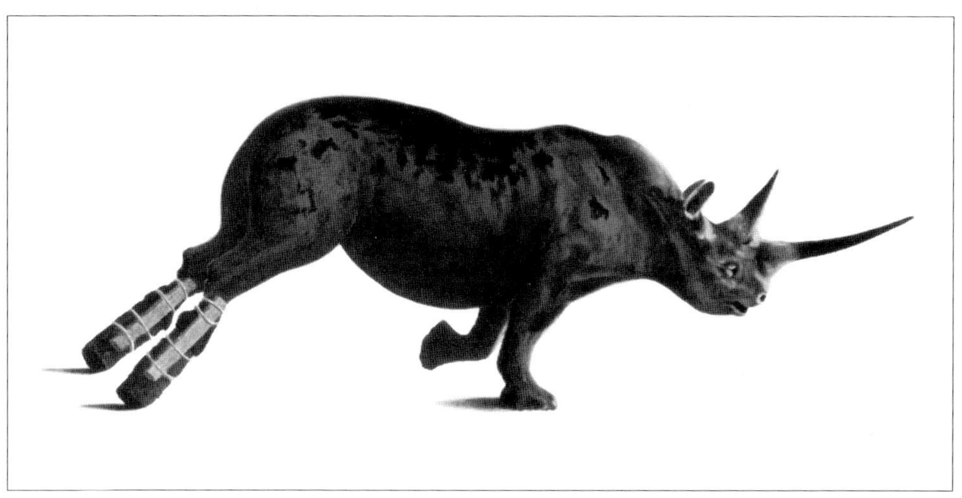

of anything more abstract than a contradiction. A twenty-ton boulder could, at least metaphorically, logically sublimate if "drawn" in the right way. The stone man in *I fantastici quattro* is practically a block of rock, nothing more concrete, yet he is made of geometrically perfect crystals, arranged homogeneously. He probably doesn't even have internal organs.

L.C.: I think you are the most gifted and sophisticated painter of your generation – an opinion confirmed by the large painting of the pier recently exhibited at the Galleria Massimo De Carlo in Milan. What relationship does painting have with other works, videos, photographs, or installations like the one of the bar counter suspended between three large wheels purchased from the SMAK in Ghent?

S.B.: It is only through knowledge of various techniques – painting, photography, video, etc. – that one manages to obtain what one wants. However these have a descriptive function for me. For example, I'm not interested if my paintings are photographically realistic or possess particular lyrical notes, at least not my current subjects: painting must be "academic." In the same way my photos must be technically standard. I have no taste for gratuitous special effects and the means itself doesn't interest me. Each time the work chooses "for itself" a technique by which it is represented or, better still, staged.

Intervista a Eva Marisaldi

Paolo Falcone

Paolo Falcone: Raccontami di quando crei un nuovo progetto.
(Mi piacerebbe avere un immagine di te che rappresenti te stessa nel momento in cui affronti un lavoro.)

Eva Marisaldi: Ferma, anche se a volte su un mezzo di trasporto, più spesso comoda, malanciata. È come se, una volta che mi sono detta "vorrei che in questa occasione si intuisse questo...", cominciassi a girare attorno, come una stupida mosca contro il vetro e da questa continuità esco con un compromesso o con qualcosa di meglio.
Se insisto riesco anche a turbarmi il sonno, raramente.
Comunque quando non eseguo quello che c'è da fare, ma cerco, non sembra che stia progettando qualcosa, è la fase più divertente, è come cercare un regalo per qualcuno senza che ne esista il pretesto. Molte persone che conosco collaborano ai miei lavori e ai miei pensieri e di questo sono loro riconoscente. Capita anche con persone sconosciute.

P.F.: Che cosa ti dà emozione, che cosa ti commuove?

E.M.: Mi emozionano quelle cose che Boetti chiama le "felici coincidenze"..., un profumo di una pensione all'estero che si è riformato qui solo per un pomeriggio e posso farlo sentire a un testimone... quando si ride così tanto che cambia la voce e fa quasi male... le emozioni della pelle e della testa... i luoghi, gli alberi, l'erba, i colori del paesaggio. Altro...
Mi commuovono le signore anziane ben tenute in autobus,... gli animali... gli aeroplani e gli aeroporti... a volte le persone che lavorano. Altro.

P.F.: A che gioco giochi?

E.M.: Nel lavoro non so.
Volevo tanto che un'amica scrivesse della vita dedicata al gioco delle carte di sua madre, dei dialoghi attorno al tavolo, di come tutto diventa meno importante quando sei immerso in quell'astrazione che è il gioco. E poi, la madre di questa amica lo fa

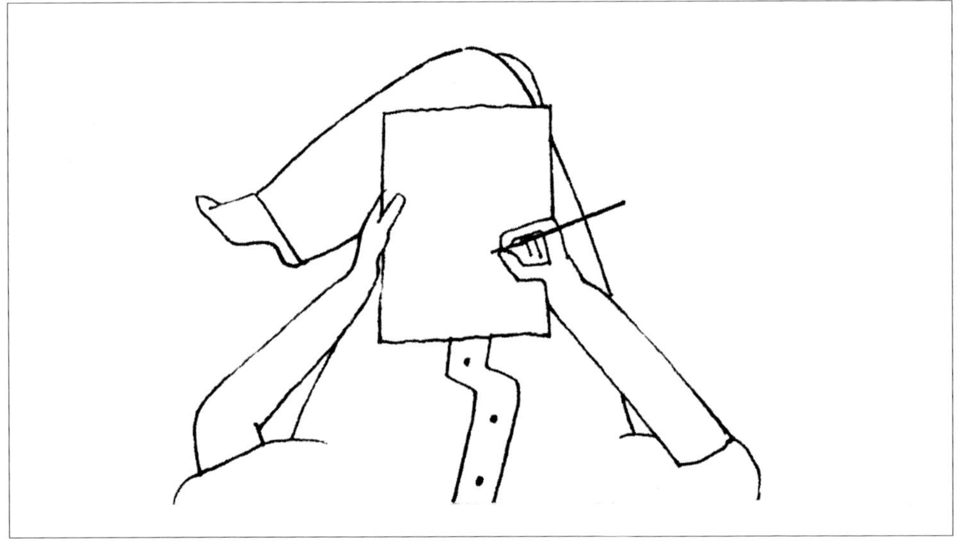

da una vita... ha attraversato le mode dei giochi, ci sarebbe così tanto da capire.

Oppure penso a Silvana Mangano nel film *Lo scopone scientifico* quando guarda il libro degli amici che giocano a carte nel mondo con Bette Davis...

Poche volte mi è capitato di trovarmi in condizione di giocare, giocare, dormire e giocare per qualche giorno, bellissimo.

Sono nipote di grandi giocatori di carte, che giocavano per vincere e ne erano capaci, io non ho quella tempra.

Non sono una giocatrice di scacchi, non ho strategia, perdo lentamente.

Ho giocato moltissime serate a dadi.

Conosci "bestia"? "Giaguaro" e "scopone scientifico" sono i miei preferiti.

Non costringo nessuno a giocare.

P.F.: Rispondimi a una domanda che non c'è. (Tutte le risposte hanno una domanda?)

E.M.: Naturalmente no, se penso a come lavoro. Contributi comunicativi. È possibile parlare lingue diverse e dire cose simili come parlare la stessa lingua e non intendersi affatto. La disponibilità, la fiducia, il fascino o l'avversione dell'interlocutore aiutano o annullano quanto viene detto non letteralmente.

C'è un ragazzo L. che ha un po' di problemi e dopo aver visionato un mediometraggio di ventinove minuti, alla domanda "cosa ti è piaciuto?" ha risposto: "il piede". Non ricordavo... sì, il manifesto elettorale con le ali alla caviglia. Aveva passato il pomeriggio a spogliare e ad accarezzare il piede di E. Questi sono filtri interessanti, grandi passioni. Merita una risposta senza domanda.

P.F.: Raccontami quello che vedi quando chiudi gli occhi.

E.M.: Ho avuto una maestra che diceva sempre che bisogna arretrare, con gli occhi chiusi... e una volta che hai visto quello che c'è da vedere, puoi tornare in quel luogo quando vuoi.

Scrivo e cancello... questa è, forse, la domanda più difficile perché non riesco a dare una risposta da "pittore" e non sono in grado di darne una da illuminato.

P.F.: Vedo che ci sono altre cose che devo sapere.

Interview with Eva Marisaldi

Paolo Falcone

Paolo Falcone: Tell me about starting a new project (I would like to have an image of you that represents you in the moment you begin to work)

Eva Marisaldi: Motionless, even though I'm sometimes in a moving vehicle, usually comfortable, but animated. It's as if once I've told myself "I would like on this occasion to perceive this…" I begin to circle it, like a stupid fly bashing into the glass and I come out of this continuity with a compromise or something better.

If I really persevere I also manage to disturb my sleep, on rare occasions.

However, when I don't do what is to be done, but search, not seeming to plan anything, that's the most amusing phase. It's like looking for a present for someone for no particular reason. Many people I know contribute to my works and thoughts and I am grateful to them for this. It happens with strangers too.

P.F.: What excites you, what moves you?

E.M.: I'm excited by those things Boetti calls "happy coincidences"…, the scent of a small foreign hotel which is concocted afresh here just for one afternoon so I can make another person privy to it… when you laugh so much your voice changes and it almost hurts… the emotions of the skin and the head… places, trees, grass, the colours of the landscape. Other things…

I'm moved by neat old ladies on buses,… animals… aeroplanes and airports… sometimes people working. Other things.

P.F.: What games do you play?

E.V.: In my work I don't know.

I very much wanted a friend to write about her mother's life dedicated to card games, the conversation around the table, how everything becomes less important when you're immersed in that abstraction which is the game. And this friend's mother has been doing this for ages… She has seen all the game's fashions come and go, there is so much to learn.

Or I think of Silvana Mangano in the film *Lo Scopone Scientifico* when she looks at the book of friends who play cards in society with Bette Davis…

A few times I have found myself in a position to play, play, sleep and play for some days – lovely.

I am the granddaughter of great card players, who played to win and were talented, I haven't got that mettle.

I'm not a chess player, I have no strategy, I lose slowly.

I've spent many an evening playing dice.

Do you know "bestia"? "Giaguaro" and "scopone

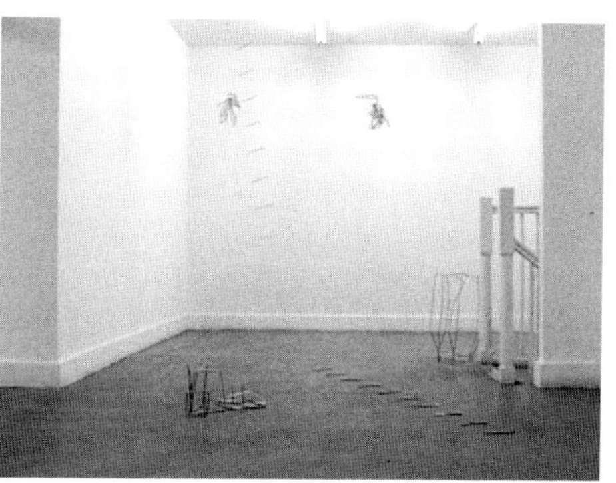

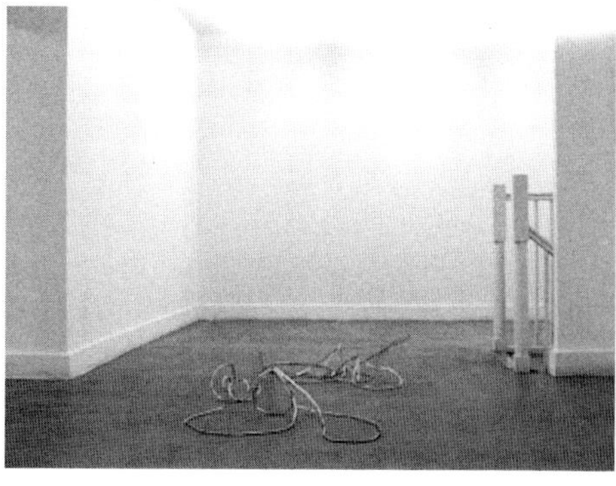

Il bosco di Claire, 1999
videoproiezione e animazione di oggetti in
alluminio/video-projection of aluminum
animated objects, 1999

scientifico" are my favourites.
I don't force anybody to play.

P.F.: Give me an answer to a non-existent question.
(Do all answers have a question?)

E.M.: Naturally not, if I think about how I work.
Communicative contributions. It is possible to
speak different languages and say the same things
just as it is possible to speak the same language
and not understand each other at all. The open-
ness, trust, charm or aversion of an interlocutor
may add to or undo whatever is not explicitly said.
There is a boy L. who has some problems and after
seeing a twenty-nine minute film, in answer to the
question "What did you like about it?," replied: the
foot. I couldn't remember... Yes, that electoral
manifesto with the winged heels. He had spent the
afternoon stripping and caressing E's foot. These
are interesting filters, great passions. Worthy of an
answer without a question.

P.F.: Tell me what you see when you close your eyes.

E.M.: I had a teacher who always used to say that
you must withdraw, with your eyes closed... And
once you have seen what there is to see you can go
back there whenever you like.
I write and rub out what I've written... This is perhaps the most difficult question because I can't
give an answer as an "Artist" and I am unable to
give an enlightened answer.

P.F.: I see there are other things I have to learn.

Intervista a Paola Pivi

Laura Cherubini

Laura Cherubini: Il tuo lavoro ha sempre oscillato tra la scala della minima e quella della massima dimensione. Ricordo che a *Mercato globale* nel 1997 avevi, con gesto molto semplice e nitido, rovesciato un camion, ma anche, cosa di cui pochi si accorsero, appoggiato su un davanzale cioccolatini "Baci Perugina" attaccati per la base e, con la stessa essenzialità, li avevi chiamati *Baci*. Però ti è sicuramente congeniale un "fare grande", non penso solo al camion, che era bellissimo, coricato sul fianco, ma anche all'aereo ribaltato dell'ultima Biennale di Venezia. È vero?

Paola Pivi: L'aereo è anche piccolo. Io vorrei girare un Boeing 747.

L.C.: Un concetto che torna spesso nei tuoi lavori è quello di *densità*: la cascata di perle che aggettano da un pannello a parete, il divanetto (un'altra miniaturizzazione) inzuppato di profumo, ma

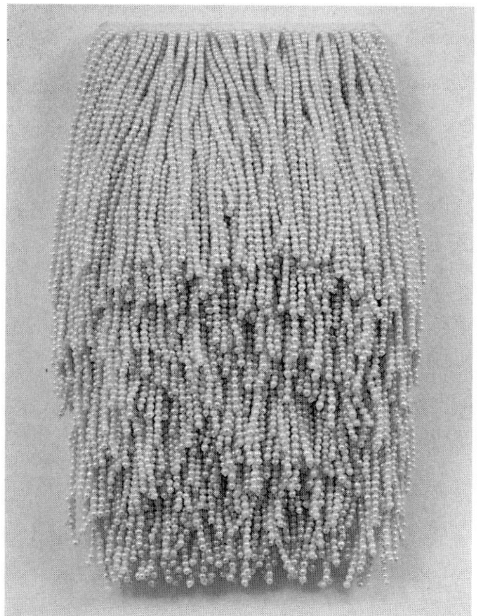

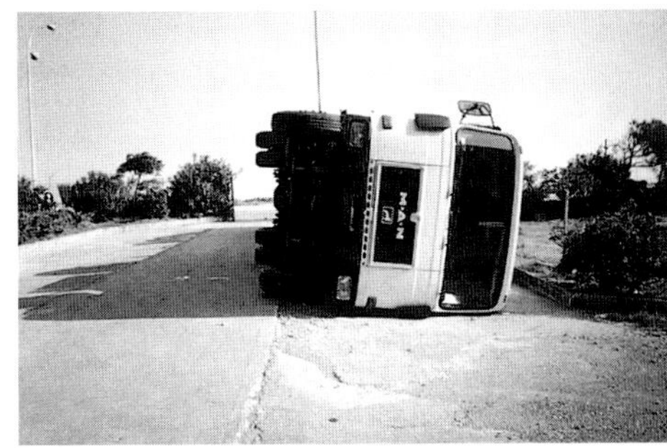

anche i cento cinesi stretti a quadrato. C'è questa idea comune secondo te, pur in lavori apparentemente così differenti?

P.P.: Sì, il divanetto è sia inzuppato sia grondante, il profumo ha un movimento verso l' interno e verso l' esterno.

L.C.: Quello che mi interessa mettere in luce è che all'interno di queste opere c'è un'immagine, efficace e paradossalmente ridotta al nucleo più essenziale, di *lusso*. Guardiamo i bianchi, i rosa, le trasparenze delle perle, saziamo l'olfatto con il penetrante profumo... Cos'è il lusso per te?

P.P.: Ora penso che il lusso sia una grande quantità di lavoro immagazzinato che rilascia lentamente e costantemente energia.

L.C.: Ci puoi parlare dell'operazione realizzata per Museum in progress?

P.P.: Sotto il Gran Sasso esiste il più grande laboratorio di fisica passiva del mondo, dove si attende l'"arrivo" della particella monopolo magnetico, la cui esistenza è stata solamente dedotta matematicamente dalle formule. Io ho voluto passare alcuni giorni nel laboratorio sotto la montagna e poi ho pubblicato un lavoro sul quotidiano viennese "Der Standard" per Museum In Progress a cura di Jens Hoffmann.

Interview with Paola Pivi

Laura Cherubini

Laura Cherubini: Your work has always oscillated on a scale of dimensions between the minimum and maximum. I recall that in *Mercato Globale* in 1997 you overturned a lorry with a very simple and clear gesture, but you also – and not many people noticed this – placed "Baci Perugina" chocolates on a windowsill, glued by their bases, and, with the same essentiality, called them *Baci*. However, you certainly seem to find doing things on a grand scale congenial. I'm thinking not just of the lorry, which was beautiful lying there on its side, but also the capsized airplane at the last Venice Biennale. Is it true?

Paola Pivi: The airplane was small too. I would like to overturn a Boeing 747.

L.C.: A concept which recurs often in your work is *density*: the waterfall of pearls which juts out of a wall panel, the small sofa (another miniaturization) soaked in perfume, but also the hundred Chinese squashed into a square. Is there, in your opinion, a common thread, even in such apparently different works?

P.P.: Yes, the small sofa is both drenched and dripping, the perfume goes inside and outside.

L.C.: What I am interested in highlighting is that in these works there is an efficient image of *luxury*, paradoxically reduced to the most essential nucleus. We see the whites, the pinks, the transparency of the pearls; our noses are filled with penetrating perfume... What does luxury mean to you?

P.P.: I now think luxury is a great quantity of stored work which slowly and constantly releases energy.

L.C.: Can you tell us about the work you've done for the Museum In Progress.

P.P.: Below Gran Sasso there is the largest laboratory of passive physics in the world where they are waiting for the advent of the magnetic monopolar particle, whose existence has only been deduced mathematically from formulas. I wanted to spend some days in the laboratory under the mountain and then I published a piece in the Viennese daily newspaper "Der Standard" for Museum In Progress curated by Jens Hoffmann.

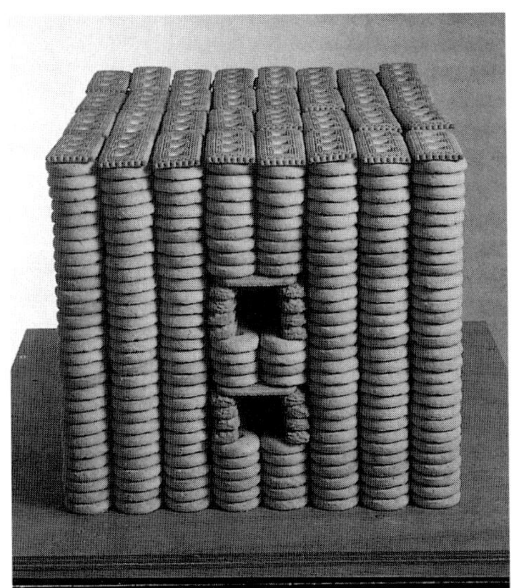

Camion, 1997
camion/lorry, cm. 1600x400x250

Senza titolo (perle vere), 1999
perle vere/real perls, cm. 20x40x15

Biscotti, 1996
biscotti/cookies, cm. 40x45x36
Courtesy Galleria Massimo De Carlo, Milano

Intervista a Alessandra Tesi

Guido Curto

Guido Curto: Fin dai tuoi esordi, nell'ormai lontano 1994, quando a Lisbona partecipi alla Biennale dei giovani artisti dell'Europa e del Mediterraneo e subito dopo alla rassegna *We are moving* nello spazio Viafarini di Milano, realizzi opere che prima decostruiscono la realtà, astraendo dal mondo d'ogni giorno elementi ben denotati, e poi la ricompongono, trasfigurata, esaltando la valenza connotativa dell'oggetto-segno da te inquadrato. Penso alle foto scattate all'interno delle camere dei vecchi alberghi di Parigi o di Nizza, dove inquadravi in primissimo piano un particolare della tappezzeria, il velluto rosso della moquette e di una sgangherata poltroncina, un tubo del termosifone laccato in rosso carminio.

Pur mantenendo i riferimenti denotativi, ogni oggetto inquadrato acquisiva nuovo valore semantico sul piano della connotazione, diventando sineddoche di una condizione esistenziale, di una sensazione di stare e abitare un luogo racchiuso e protetto, circondati da vecchie cose di pessimo gusto, però rassicuranti. E se la citazione a Guido Gozzano può sembrare datata e troppo decadente, certo esiste un possibile raffronto con la *Recherche* di Proust per la valenza tipicamente letteraria delle tue metonimie.

Alessandra Tesi : Penso che ogni luogo abbia un suo destino, una sua tensione. In alcuni momenti gli spazi che ci circondano, che mettono in scena una funzione, sembrano scenografie vuote, in attesa.
Ho fotografato luoghi di passaggio, spazi destinati a rimanere da sottofondo al continuo ripetersi delle azioni. L'hotel mette in scena lo spazio dell'intimità, l'ospedale è allestito a scenografia igienica. *Spazi bucati* è una serie di fotografie scattate all'interno di un ex-ospedale psichiatrico dove le pareti "forate" permettono di controllare i pazienti in un unico sguardo che attraversa il susseguirsi delle stanze. È la struttura di un'intimità bucata. Dietro l'apparenza volutamente rassicurante di certi spazi, ci sono storie che scivolano e si nascondono sotto la bidimensionalità dei rivestimenti, come se ci potesse essere un filo di mistero che ha le sue radici nella realtà più ordinaria.
Il reale è come un unico interminabile film che scorre senza interruzione.

G.C.: **Poi improvvisamente tutto cambia e in questo, Alessandra, sei davvero una delle artiste contemporanee che maggiormente ha saputo sviluppare un' evoluzione rapida e costante del suo lavoro. Senza peraltro mai perdere il filo conduttore, il *leitmotiv* di una ricerca che trasfonde elementi di realtà in un processo di resignificazione eidetica.**

Un primo esempio è l'installazione realizzata con carta da tappezzeria serigrafata e poi dipinta con smalto per unghie presentata al Musée du Papier Peint di Rixheim e alla Galleria Neon di Bologna in occasione della mostra *Tic de l'esprit*. Ma anche la croce verde al neon, esposta nel 1998 a Siena in Santa Maria della Scala è emblematica.

Proprio in questo lavoro incomincia a emergere un elemento nuovo, quello del ritmo e della musicalità. L'aspetto cromatico intensissimo in tutte le tue prime opere, viene adesso implementato dalla sonorità. Il pulsare ritmico della luce è contiguo alla musica dell'Hip Hop e anche la tipologia del lavoro che si muove sulla linea del campionamento è un fatto nuovo. Tanto che realizzi una videoinstallazione montando parti di tracce video delle sirene della polizia e le riproietti in una sequenza a *loop* contro un pavimento di luccicanti *paillettes*. Questo effetto luministico e la capacità di interagire con la realtà esterna e in particolare con gli spazi espositivi è evidentissimo al Museo d'Arte Contemporanea di Rivoli, dove realizzi un'installazione costruita dipingendo, anzi affrescando sulle pareti della cosiddetta Sala Progetto della Manica Lunga, una complessa visione anamorfica del tracciato di pianta dello scalone d'onore dell'incompiuta reggia juvarriana. Così un progetto non-finito rivive virtualmente nel tuo lavoro.

A.T.: Ho continuato a lavorare sull'idea di una tensione della realtà anche attraverso le installazioni. A Santa Maria della Scala, per esempio, sono intervenuta in un ex ospedale, un luogo magnifico che unisce gli indizi della scenografia medicale passata ai meravigliosi affreschi che ovattano lo spazio. Nella storia dell'affresco convivono sfumature acide, cangianti, a volte quasi fluorescenti. Mi piace l'aspetto irriverente dell'affresco nei confronti della realtà, delle leggi della visione: le cose si incollano tra loro nella simultaneità del bidimensionale. È un accostamento che ha la stessa consistenza delle immagini oniriche, galleggianti, elastiche, senza spessore. Anche per il lavoro video penso all'affresco, agli accostamenti senza prospettiva di diversi elementi. In alcuni lavori recenti che hai citato ho infatti pensato al montaggio video come ad un accostamento musicale, inteso come ritmo e non armonia. Certi suoni sono rumori spezzati, stridenti, non sempre gradevoli e convivono in una pulsazione di fondo che è energia, come un battito della realtà. Il film ha una natura di immagine immateriale, di luce pulsante: nelle mie proiezioni questa natura trasparente ed elastica delle immagini interagisce ogni volta con un fondo diverso. Mi interessano le ricerche su una luminosità intensa, eccessiva dell'immagine, sviluppate sia nella cosmetica, con le *paillettes*, gli smalti lucidi, i colori iridescenti, che nell'ambito della tecnologia, come per esempio le microsfere di vetro incorporate nei tessuti catarifrangenti. La reazione della proiezione su questi materiali permette all'immagine di apparire con una sua fisicità riflettente, a seconda dell'idea diversa di ogni lavoro. L'occhio vede sempre il mondo piatto, mentre il corpo tocca le sensazioni della profondità. Esiste anche un'esigenza tattile della visione, un rapporto fisico e non solo visivo con l'esterno.

In *Interference Pearl* ho voluto fare una proiezione senza il mezzo meccanico, solo con il trasporto virtuale della realtà tramite la luce. Infatti l'idea iniziale è quella della proiezione di un'assenza, di uno spazio mancante che al Castello di Rivoli è una presenza forte quanto la parte finita. Volevo

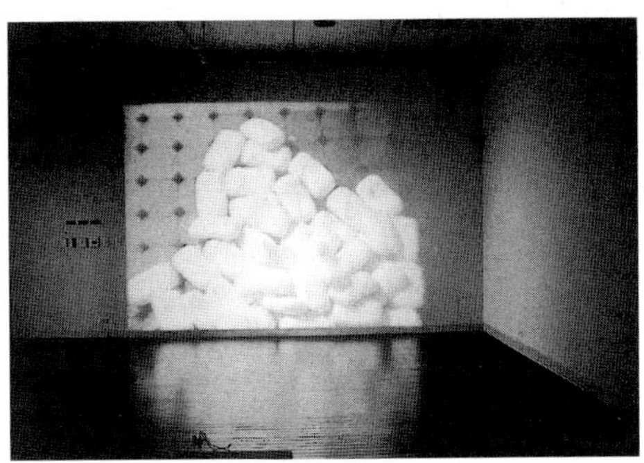

rappresentare un desiderio, la tensione che corrisponde all'energia latente del vuoto, quando le cose non si sono ancora realizzate e non hanno ancora subito il contatto con la realtà. Per questo ho utilizzato acrilici interferenti che cambiano colore secondo il movimento nello spazio, l'incidenza e l'intensità della luce, un po' come gli stati d'animo. Ogni colore si trasforma nel suo complementare secondo la tradizione del cangiante, nell'instabilità della percezione. Ancora una volta penso alla "pelle" del luogo, ai suoi umori. L'iridescenza è un fenomeno legato all'apparizione e alla sparizione, alla mobilità e all'impossibilità di trattenere una realtà che sfugge e svanisce come una bolla di sapone. Recentemente ho letto che le tecniche di immagine elettronica hanno svelato i segreti dell'iridescenza osservando le proprietà ottiche delle ali delle farfalle. Per le farfalle si tratta di un trucco che corrisponde alla loro evoluzione, a una necessità di apparenza nelle tappe fondamentali della loro esistenza. La sparizione è sempre una messa in scena dell'assenza, di quell'apparente vuoto che genera malessere perchè legato alla mancanza, alla presenza di qualcosa e poi all'esperienza della sua perdita.

Per realizzare *Opale 00* ho lavorato con i pompieri di Parigi a un progetto sull'idea di sparizione, di simulazione di uno stato di perdita dei punti di riferimento, attraverso l'allenamento all'idea del fuoco, come elemento velocissimo e devastante che dissolve la realtà. I pompieri di Parigi sono un

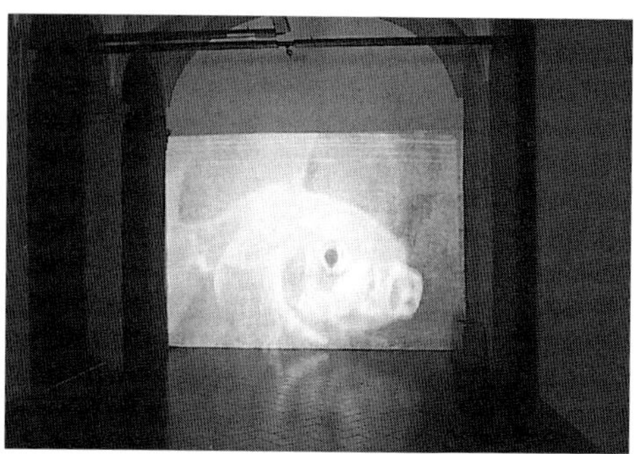

H. Cronstadt, 1997
videoproiezione su acrilico oro interferente/
video-projection on interfering gold acrylic
Chiostri di San Domenico, Imola

corpo militare che ha il rigore di un continuo addestramento alle sensazioni del reale. Ho girato le scene all'esterno, sulla Senna nel cuore storico della città, e parallelamente nei passaggi sotterranei del centro di istruzione. Nel lavoro non ci sono mai immagini del fuoco, ma solo quelle di uno stato di attesa, intermedio, tra l'imitazione del reale e il suo avvenimento. Una zona di continuo allarme, una concentrazione di adrenalina. Il video è proiettato su microsfere di vetro: i tessuti tecnologici utilizzati nella segnaletica stradale si servono di questa proprietà catarifrangente per mettere in scena l'idea di urgenza tramite l'abbaglio.
Penso a un forte legame tra film e spazio. Nell'installazione *Tech 2634 HP*, lo stato di luminosità della stanza interamente dipinta "interferente", interagisce con la proiezione sovrapposta di due video. Anche la tecnologia può avere la presenza di un soffio, l'iridescenza e l'immaterialità del cangiante. Volevo uno spazio dove il disegno avesse la consistenza variabile della proiezione, come un bagliore, un riflesso della realtà.

G.C.: E adesso cosa farai per Venezia, quale lavoro hai in mente per la mostra del Premio Querini-FURLA?

A.T.: Quando sono tornata a Venezia per vedere il luogo della mostra, la città si è imposta violentemente. Venezia quel giorno era eccessivamente luminosa, galleggiante, instabile. La laguna era una presenza molle, un gel pesante, come un trasparente denso. La luce accecante del riverbero dissolveva la realtà e la città pulsava la propria sparizione nella vibrazione del suo riflesso. Venezia era talmente luminosa, da sembrare un miraggio di se stessa, una visione di cristallo. C'è una *suspence* legata a uno stato fisico del luogo, all' attraversamento di quello che ci circonda. Le immagini una volta impresse nella memoria appaiono con la consistenza inafferrabile di un pensiero...

Interview with Alessandra Tesi
Guido Curto

Guido Curto: Since your debut in the now far-off year of 1994 when you took part in the Biennale of young European and Mediterranean artists in Lisbon and straight afterwards in the exhibition *We are moving* at the Viafarini gallery in Milan, you have produced works which first deconstruct reality by abstracting well denoted objects from the everyday world and then recompose them so they are transfigured, exalting the connotative valence of the object-sign you frame. I am thinking of the photos taken in old hotel bedrooms in Paris or Nice where you did close-ups of details in the wallpaper, the red velvet of the carpet and a small rickety armchair, a radiator pipe painted in carmine red enamel. Although keeping their denotative references each framed object acquired new semantic value on a level of connotation, becoming synecdoches of an existential condition, of a sensation of being and living in a closed and protected place, surrounded by old things which though in dreadful taste are all the same reassuring. And while the quote from Guido Gozzano may appear dated and too decadent, there is certainly a possible comparison to be made with Proust's *Recherche* in the typically literary valence of its metonymies.

Alessandra Tesi: I think that each place has its own destiny, its own tension. There are moments when the spaces surrounding us which stage a function appear to be empty waiting sets.
I have photographed places of transit, spaces destined to always be a backdrop to actions which continuously repeat themselves. The hotel provides a stage for intimacy; the hospital is arrayed with sanitary props. *Spazi bucati* is a series of photos taken inside an ex-psychiatric hospital where the "holes" in the walls allow the patients to be controlled by looking through a hole in a wall into a sequence of rooms which follow on from one another. The structure is one of pitted intimacy. Behind the deliberately reassuring appearance of certain spaces there are stories which steal away and hide under the two-dimensionality of the furnishings, as if there were a thread of mystery which has its roots in the most ordinary of realities.
What is real is like an endless film that runs uninterruptedly.

G.C.: Then suddenly everything changes and in this Alessandra you really are one of those contemporary artists who has most been able to rapidly and constantly evolve in their work. Without however ever losing sight of the recurring theme or leitmotiv of a quest which infuses elements of reality in a process of eidetic renaming. One of the first examples is the installation made of silkscreen wallpaper and then painted with nail varnish presented at the Musée du Papier Peint in Rixheim and at the Galleria Neon in Bologna on the occasion of the *Tic de l'esprit* exhibition. But the green neon cross, exhibited in1998 in Siena in Santa Maria della Scala, is also emblematic. It is in this work that a new element begins to emerge, that of rhythm and musicality. The extremely intense chromatic aspect of all your early works is now rendered by the sonority. The rhythmic pulsing of the light is contiguous to Hip Hop music and also the typology of the work which moves along mixing lines is something new. You even create a video installation assembling parts of police siren videos projecting them in a loop sequence onto a shiny floor of sequins. This stage lighting effect and the ability to interact with external reality and in particular with exhibition spaces is very apparent at the Rivoli Museo d'Arte Contemporanea where you create an installation by painting, or rather frescoing, on the walls of the so-called Sala Progetto della Manica Lunga a complex anamorphous vision of the outline of the plan of the grand staircase in Juvarra's incomplete palace. So an unfinished project is brought back to life virtually in your work.

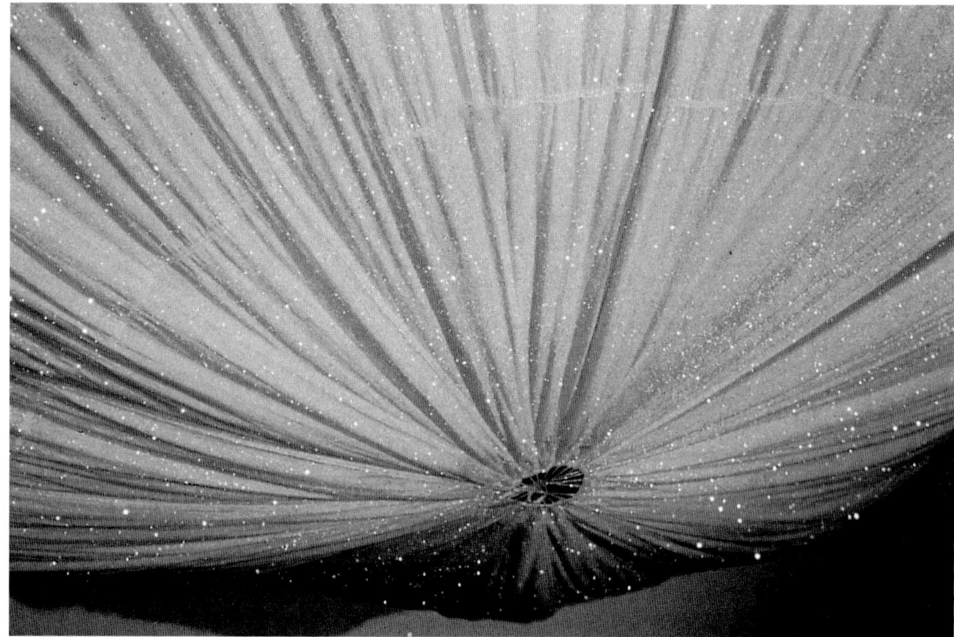

A.T.: I continued to work on the idea of a tension in reality with my installations. In Santa Maria della Scala, for example, I went into an ex-hospital, a magnificent place which combines details of what were, in the past, medical arenas with marvellous frescos which temper space. In the history of frescos there are acid, iridescent, sometimes almost fluorescent shades. I like the irreverent aspect of the fresco married to reality, the laws of vision: things merge in the simultaneity of the bi-dimensional. This marriage has the same consistency as dream-like, floating, elastic, insubstantial images. In my video work too I think of frescos, the merging of different elements lacking perspective. In some recent works you mentioned I actually thought of the video montage as a musical fusion, perceived as rhythm and not harmony. Certain sounds are fragmentary, shrill, not always pleasant noises and coexist in a background throb that is

energy, like a beat of reality. The nature of film is insubstantial image, pulsating light: in my projections this transparent and elastic nature of images interacts each time with a different background. I'm interested in researching the intense, excessive brightness of image, fostered using both cosmetics, sequins, shiny varnish, iridescent colours and technology like, for example, the glass microspheres incorporated in reflecting materials. The reaction of the projection onto these materials allows the image to appear in all its reflecting physical-ness, depending on the different idea underlying each work. The eye always sees the world as flat, while the body perceives the sensation of depth. There is also necessarily a tactile dimension to vision, a physical and not just visual relationship with the outside world.

In *Interference Pearl* I wanted to make a projection without using mechanical means, just the virtual transport of reality through light. In fact, the initial idea was to project absence, a missing space which at Castello di Rivoli is just as strong a presence as the finished part. I wanted to represent a desire, the tension corresponding to the latent energy of the void, when things haven't yet been done and haven't yet endured contact with reality. For this I used interfering acrylics which change colour with spatial movement, the incidence and intensity of the light, a little like moods. Each colour becomes its complementary colour in the way of iridescence, in the instability of perception. Once again I think of the "skin" of the place, its moods. Iridescence is a phenomenon linked to appearance and disappearance, movement and the impossibility of curbing a reality which is elusive and vanishes like a soap bubble. Recently I read that electronic imaging techniques have revealed the secrets of iridescence, observing the optical properties of butterfly wings. For butterflies this trick corresponds to their evolution, a vital step in their appearance in the fundamental stages of their existence. Disappearance is always a staging of absence, the apparent void which generates malaise because it is linked to lack, the presence of something and then the experience of its loss. In creating *Opale OO* I worked with the Paris fire department on a project about the idea of disappearance, simulating a state of loss of points of reference through training in the idea of fire, as a very rapid and devastating element which destroys reality. The Paris fire department is a military corps which rigorously and continuously trains one in real sensations. I filmed the scenes outside on the Seine, in the historical heart of the city, and at the same time down in the underground passageways of the training center. In my work there are no images of fire, just an intermediate waiting stage between the imitation of reality and its occurrence. A zone of perpetual alarm, a concentration of adrenaline. The video is projected onto glass micro-spheres: the technological materials used in road signs use this reflecting property to produce the idea of urgency by dazzling. I think there is a strong link between film and space. In the installation *Tech 2634HP*, the luminosity of a whole room painted entirely in interfering interacts with the superimposed projection of two videos. Technology too can be a fragile presence, the shimmering and shifting insubstantiality of iridescence. I wanted a space where the drawing had the varying consistency of the projection, like a gleam, a reflection of reality.

G.C.: And now what are you planning to do for Venice, what work do you have in mind for the Premio Querini-FURLA exhibition?

A.T.: When I returned to Venice to see where the exhibition was going to be held the city foisted itself violently. That day Venice was excessively luminous, floating, unstable. The lagoon was a waterlogged presence, a heavy gel, like a dense transparency. The blinding light of the reflection dissolved reality and the city disappeared throbbing into its vibrating reflection. Venice was so luminous it seemed to be a mirage of itself, a crystal vision. There's a kind of "suspense" linked to the place's physical state, to the crossing of what surrounds it. The images once stamped in the memory appear with the elusive consistency of a thought...

Intervista a Sisley Xhafa

Guido Molinari

Guido Molinari: in alcuni casi hai eseguito o messo in scena delle azioni illegali. L'intervento illecito nasce per porre al centro dell'attenzione un'identità che altrimenti verrebbe ignorata?

Sisley Xhafa: Bisogna innanzitutto capire il significato della giustizia e domandarsi che cosa provoca quel tipo di illegalità che nasce come imposizione dall'alto, senza che esista una corrispondenza nella vita quotidiana, senza che ci sia un rispecchiamento nelle esigenze degli individui. Io a volte intervengo su questo problema attraverso *performances* illegali che trasmettono la mia individualità nel fare arte e stimolano la comunicazione. Per esempio, alla XLVII Biennale di Venezia, mi sono introdotto abusivamente all'interno dei giardini durante l'inaugurazione. Avevo la maglia della nazionale di calcio albanese dipinta sul corpo e uno zaino da dove si poteva ascoltare la radiocronaca di una partita di calcio. Così "vestito" coinvolgevo il pubblico a giocare a pallone. Mostravo una richiesta di *fair play*. In quel momento impersonavo il padiglione albanese mobile, un padiglione abusivo che cammina e che gioca, alla ricerca di un'identità nazionale. Una sana ricerca d'identità che in questo momento non riguarda solo gli albanesi ma anche molte altri nazioni dell'Africa, dell'Asia o dell'Est europeo. I moti migratori sono legati a questo problema e sicuramente saranno al centro dell'attenzione anche nel nuovo secolo. Ma io credo che si troverà un bilanciamento e una stabilità, purché i paesi dell'ovest non guardino con ignoranza e indifferenza questo fenomeno ed agiscano con lealtà.

G.M.: L'impegno politico che è presente nelle tue opere sembra nascere da situazioni paradossali e "leggere", lontane dal classico dito puntato della denuncia sociale. In che cosa si diversifica il tuo approccio rispetto a quello di altri artisti che in passato hanno affrontato questo ambito di ricerca?

S.X.: A mio parere l'arte è politica: anche nei casi in cui non sembrano esserci riferimenti diretti sono sempre presenti delle filosofie di vita. Certamente cambia il modo di presentare le cose, alcuni artisti celebri negli anni Sessanta e Settanta hanno affrontato l'argomento con scelte ormai storicizzate e spesso anche retoriche e banali, ma i tempi cambiano in fretta ed anche i problemi. Il mio è un approccio dolce, come un caffè macchiato, un caffè albanese con gusto. Prendiamo per esempio l'intervento che ho fatto a Roma per la Fondazione Olivetti. Sotto il sole di un pomeriggio domenicale, al centro del Foro Boario, ho invitato appartenenti alla comunità curda a guardare *Buona domenica* alla televisione. I curdi erano mescolati agli spettatori venuti per vedere la mia opera. Maurizio Costanzo, il futuro presidente d'Italia, si trovava suo malgrado in un'azione che coinvolgeva i mass media, gli extracomunitari e il pubblico intervenuto.

G.M.: Come vivi la tua formazione culturale che sembra nascere da un mixaggio tra le tue radici kossovare e una contaminazione con il mondo occidentale?

S.X.: Un artista sogna di misurarsi con le culture altrui, è la base di partenza per comunicare e confrontarsi con gli altri. Io appartengo ad una cultura diversa ma amo moltissimo l'Italia dove ho studiato e dove sono contento di contribuire attivamente con il mio lavoro. Certamente vedo anche i difetti: a volte vince una linea sottilmente perversa che attraversa la società e il mondo dell'arte. Bisognerebbe anche aumentare la velocità, dimenticarsi la pasta asciutta a mezzogiorno e mangiare alle cinque, alle sei, oppure alle tre di notte.

G.M.: In occasione dell'ultima Biennale di Venezia hai corso una maratona all'interno dei giardini, unendo idealmente in un unico percorso tutti i padiglioni di differenti nazionalità. Altre volte hai utilizzato il calcio come soggetto delle tue *performances*. Perché lo sport è spesso presente nelle tue opere?

S.X.: Per me lo sport è un mezzo per affermare le

capacità individuali tra corpo e mente. Ma non si tratta di pensare allo sport come lo si intende nel senso comune. Ciò che mi interessa è il comportamento. Anche mangiare chewing-gum potrebbe essere uno sport... rimanere immobile... oppure parlare più veloce o mangiare più salsicce. L'importante è infrangere un record mondiale.

G.M.: Che cosa significa per te cogliere all'interno dei rapporti sociali una componente di emotività, percepibile nei volti di individui che svolgono professioni e ruoli differenti?

S.X.: Nella fotografia intitolata *Abbracciami forte* in cui è ritratto un carabiniere a mezzo busto, mi rivolgo alle istituzioni con il massimo rispetto, ma ricerco un avvicinamento "dolce". Immagino un futuro in cui un carabiniere, sempre con il massimo rispetto, senta il bisogno di abbracciarmi e lo faccia con un volto espressivo, non rigido. I volti spesso li vedo proiettati nel futuro, oltre la sfera dell'egoismo, ma anche oltre il giudizio che ne dà la società Tra il rispetto delle regole e il dialogo collettivo ci possono essere molte cose. Per esempio i volti di delinquenti che ridono, malviventi veri, ritratti in situazioni in cui sono liberi, nei loro luoghi e ambienti. È l'invasione dei cioccolatini.

G.M.: A volte nei tuoi interventi esibisci pulsioni sessuali dirette ed esplicite. Che ruolo ha l'erotismo nel tuo linguaggio?

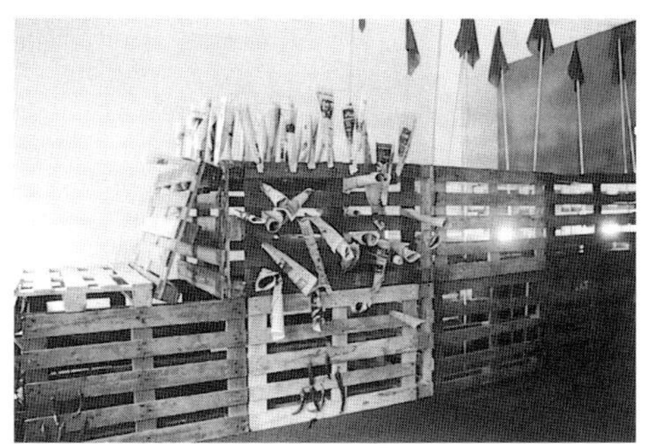

S.X.: L'erotismo è sempre stato affrontato nella storia dell'arte. A me interessa il fatto che ogni individuo esprime la sua vita sessuale e sentimentale in modo diverso. Stiamo parlando di emozioni sincere che non si possono negare. Guarda me, io non vivo con le virgolette, allora sento il bisogno di trovare questi uomini per le donne di Vanessa Beecroft, inventando una collaborazione a distanza, senza farle sapere niente. È una situazione leggera dove può sbocciare l'amore.

G.M.: La musica nelle tue opere rappresenta un punto di contatto tra persone di differente cultura ed estrazione sociale o implica qualcosa in più?

S.X.: Quando ti devi integrare in un ambiente sociale la prima cosa che giudicano è il tuo comportamento. La musica non dà fastidio a nessuno in nessuna parte del mondo. È un mezzo pacifico che crea integrazione e io lo utilizzo. Ma proprio per questo motivo uso la musica per poi sottolineare il momento in cui finisce e inizia il punto da dove tutto diventa caotico, in una situazione più difficile e non orchestrata. Ho fatto cantare la canzone "Azzurro" ad un coro nel quale si mescolavano ragazzi del luogo ed extracomunitari. È stato un momento in cui è nata dell'energia e del piacere, ma provocati da voci umane... Ecco perché sono interessato a questa collaborazione, anche solo per cinque minuti.

G.M.: L'idea della casa reinterpretata attraverso materiali poveri ed elementi tecnologici che cosa rappresenta?

S.X.: Per esempio in occasione di *Albania oggi. Il tempo dell'ottimismo ironico*, una delle mostre a latere della Biennale di Venezia 1999, ho realizzato una casa costruita con cassette di frutta. Volevo riferirmi a un ringraziamento nei confronti dell'Europa dell'Ovest che ha dato una *chance* ai kossovari. Ma volevo anche mostrare che non finisce tutto a birra e salsicce. L'inserimento tecnologico, dato dai monitor che mostravano due mie *performances*, si inseriva nell'abitazione tra esterno e interno. Intendevo

Pleasure our flower, 2000
installazione, stazione di Polizia, Gand/installation,
Police Station, Ghent
Courtesy Galleria Laura Pecci, Milano

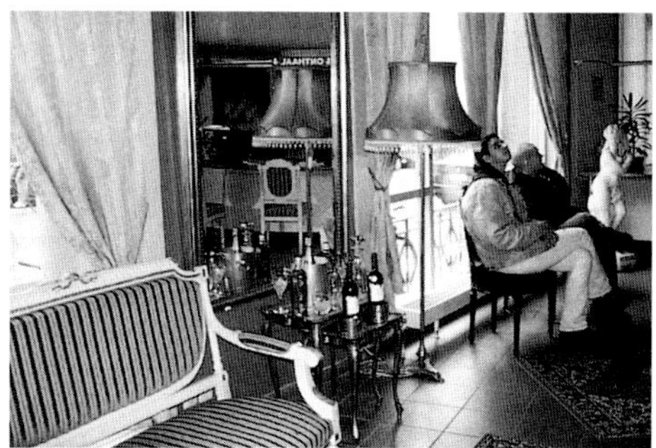

comunicare il fatto che vogliamo essere attivi e presenti in modo diverso. Trasmettevo il mio stato d'animo soggettivo, il desiderio di sentirsi adeguatamente inseriti nel contesto internazionale, pronti alla riconciliazione ma anche a far riconoscere i nostri diritti.

G.M.: A volte però hai lavorato anche sulla qualità estetica dei materiali, come nel caso del cuore realizzato con la neve, oppure nel caso del peperoncino inserito in alcune tue installazioni. Che cosa ti attrae in questi elementi e come li scegli?

S.X.: Io viaggio molto spesso ma quasi mai per vacanza. Cerco e trovo dei materiali in ogni società: negli Stati Uniti o a Londra, in Albania, nel Kossovo o in Italia. Mi adatto a certi luoghi e li voglio sentire vivi, capisci? Non trascuro niente perché qualsiasi materiale che ho tra le mani lo considero una cosa viva. Come nel caso del cuore di neve, che con il tempo si scioglie, proprio come uno stato emotivo che con il

tempo si consuma. Spesso quando utilizzo materiali poverissimi è perché fanno parte della mia identità, e li uso per confrontare la mia cultura contadina con la mia cultura postindustriale. Sono due mondi diversi che hanno contraddizioni e cose in comune.

G.M.: Nelle tue opere a volte crei dei paradossi che provocano impatti emotivi molto intensi. Cerchi un effetto shock ?

S.X.: Posso risponderti con un esempio: l'intervento realizzato per *Over the Edges* in Belgio. A Gent, la cittadina dove si svolgeva la mostra, nella sala d'attesa della centrale di polizia aperta ventiquattr'ore su ventiquattro, ho trasformato l'ingresso in un posto lussuoso, un ambiente arredato per accogliere l'alta borghesia. C'erano tappeti, specchi antichi, musica in sottofondo e champagne. Anche in questo caso non volevo assolutamente mancare di rispetto alle istituzioni, piuttosto confrontarmi con uno spazio difficilissimo e quasi fragile. La stazione di polizia diventava la mia casa, pronta ad accogliere qualsiasi cittadino, qualsiasi individuo, compresi i delinquenti e criminali. Come vedi sono una persona ottimista.

G.M.: Spesso rappresenti graficamente *performances* o idee per installazioni. Che cosa ti porta a realizzare un disegno invece di un dipinto?

S.X.: In generale nei dipinti costruisco delle situazioni visive legate alle *performances* ma che elaboro in modo estremamente freddo e mentale. Nei disegni invece penso a delle azioni, a delle situazioni e le riporto con grande immediatezza, in una forma più diretta e aggressiva.

Interview with Sisley Xhafa

Guido Molinari

Guido Molinari: At times you have done or staged something illegal. Is the purpose of these illicit actions to bring an identity which would otherwise be ignored to people's attention?

Sisley Xhafa: First of all you have to understand what justice means and ask yourself what provokes that type of illegality which is born of a higher authority, which doesn't correspond to anything in everyday life, which isn't mirrored by the needs of individuals. Sometimes I tackle this issue through illegal "performances" which convey my individual way of making art and stimulate communication. For example, at the 47th Venice Biennale I trespassed in the garden during the inauguration. I had the national Albanian football strip painted on my body and a rucksack from which you could hear the sounds of a football match radio commentary. "Dressed" like this I got the public involved in a game of football. I made a request for fair play. In that moment I was impersonating the moving Albanian pavilion, an unauthorized walking, playing pavilion, seeking a national identity. A healthy search for identity which at that time did not just concern Albanians but also many other African, Asian or East European countries. Migratory flux is linked to this problem and will surely be in the spotlight in the new century too. But I believe balance and stability will be found as long as Western countries don't regard this phenomenon with ignorance and indifference and act with integrity.

G.M.: The political commitment felt in your work seems to be born of paradoxical and "light" situations, far from the classic pointed finger of social censure. What differentiates your approach from other artists who have dealt with this area of research in the past?

S.X.: In my opinion art is political: even where there appear to be no explicit references you will always find life philosophies. Certainly the way of presenting things changes; some artists famous in the Sixties and Seventies dealt with the issue by making now historical and often rhetorical and banal choices, but times and issues change quickly. My approach is soft, like milky coffee, a tasteful Albanian coffee. Let's take as an example the work I did in Rome for the Fondazione Olivetti. On a sunny Sunday in the middle of the Foro Boario, I invited Kurdish community members to watch *Buona Domenica* on the television. The Kurds were mixed in with the people who had come to see my work. Maurizio Costanzo, the future President of Italy, found himself in the midst of an event involving the mass media, immigrants and the public, despite himself.

G.M.: How do you see your cultural training, which seems to be the result of a mixture of your Kosovan roots and contamination with the Western world?

S.X.: An artist dreams of measuring himself against other cultures. It is the departure point for communicating and comparing oneself with others. I belong to a different culture but I very much love Italy where I studied and where I am happy to contribute actively with my work. Certainly I see defects too: sometimes a subtly perverse line which runs through society and the art world prevails. We should increase our speed, forget pasta at midday, and eat at five, at six, at three o'clock in the morning.

G.M.: At the last Venice Biennale you ran a marathon inside the gardens, ideally uniting the pavilions of all different nationalities in one itinerary. At other times you have used football as the subject of your performances. Why is sport so often present in your work?

S.X.: Sport for me is a means of affirming individual physical and mental abilities. But I don't think of sport in the conventional way. What interests me is behaviour. Chewing gum could be a sport too... standing still... or speaking faster or eating more sausages. The important thing is breaking world records.

G.M.: What does capturing the emotional element in social relationships, perceived in the faces of individuals who have different professions and roles, mean to you?

S.X.: In the photo entitled *Abbracciami forte* in which you see the top half of a *Carabiniere*, I address the institutions with the utmost respect while seeking a "soft" approach. I imagine a future in which a *Carabiniere*, still with the utmost respect, feels the need to hug me, and does it with an expressive, not a rigid face. I often see faces projected in the future, outside the sphere of egoism, but also beyond society's judgement. Between respect for the rules and collective dialogue there may be many things. For example, the faces of delinquents laughing, real criminals, portrayed in situations where they are free, in their places and environments. It is the chocolate invasion.

G.M.: Sometimes your work shows sex drive explicitly and directly. What role does eroticism have in your language?

S.X.: Eroticism has always been dealt with throughout the entire history of art. I am interested in each individual expressing his sexual and sentimental life differently. We are speaking of sincere emotions that cannot be denied. Look at me. I don't live clichés, so I feel the need to find these men for Vanessa Beecroft's women, inventing long-distance cooperation, without letting her know anything. It is a frivolous situation where love might blossom.

G.M.: Does the music in your work represent a point of contact between people of different cultures and social extractions or does it imply something more?

S.X.: When you try to be assimilated into a social environment the first thing they judge is how you behave. Music doesn't irritate anybody anywhere in the world. It is a peaceful means of bringing about integration and I use it. But this is precisely the

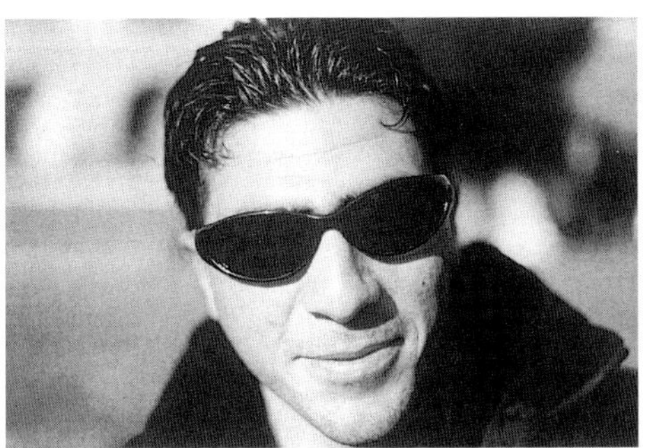

reason I use music to emphasize the point where everything becomes chaotic begins and ends, in a more difficult and unorchestrated situation. I had a choir made up of a mixture of immigrant and local boys and girls sing "Azzurro." It was a moment when energy and pleasure burst forth, stirred by human voices... That is why I am interested in this kind of collaboration, even if just for five minutes.

G.M.: What does the idea of revisiting the home using poor materials and technological elements represent?

S.X.: For example on the occasion of *Albania oggi. Il tempo dell'ottimismo ironico*, one of the side exhibitions at the Venice Biennial in 1999, I made a house out of fruit crates. I wanted to thank Western Europe for giving the Kosovans a chance. But I also wanted to show that not everything finishes in beer and sausages. Technology in the shape of the monitors showing two of my performances was present both inside and outside the dwelling. I wanted to communicate the idea that we want to be active and present in a different way. I was trying to convey my subjective mood, the desire to feel adequately integrated in an international context, ready for reconciliation but also ready to have our rights recognized.

G.M.: Sometimes though you have also worked on the aesthetic quality of materials, as in the case

of the heart made of snow or the chilli pepper appended to some of your installations. What attracts you about these elements and how do you choose them?**

S.X.: I often travel but hardly ever for holidays. I look for and find materials in every society: in the United States or in London, in Albania, in Kosovo or in Italy. I adapt to certain places and I want to feel their vitality, do you understand? I don't neglect anything because any material that falls into my clutches I consider to be a living thing. Like the case of the snow heart which inevitably melts, just like the emotional state which fades with time. Often when I use very poor materials it is because they are part of my identity and I use them to bring my peasant culture face to face with my post-industrial culture. They are two different worlds which have contradictions and things in common.

G.M.: Sometimes in your works you create paradoxes which provoke very intense emotional reactions. Are you trying to shock?

S.X.: I can answer you with an example: the work I did for *Over the Edges* in Belgium. In Ghent, the town where the exhibition was held, in the police station waiting-room which is open twenty four hours around the clock, I transformed the entrance into a luxurious place, an environment furnished to welcome the upper-middle classes. There were rugs, antique mirrors, background music and champagne. In this case too I absolutely did not want to show any lack of respect for the institutions but rather deal with a very difficult and almost fragile space. The police station became my home, ready to welcome any citizen, any individual, including delinquents and criminals. As you see, I am an optimist.

G.M.: You often graphically represent performances or ideas for installations. What brings you to draw instead of paint?

S.X.: Generally when I paint I create visual situations linked to performances, which however I elaborate in an extremely cold and cerebral way. On the other hand, when I draw I think of actions and situations and I transfer them with great immediacy in a more direct and aggressive form.

Simone Berti

Simone Berti, nato ad Adria in provincia di Roma nel 1966, si è diplomato all'Accademia di Belle Arti di Brera a Milano nel 1996, dopo àver frequentato nel 1995 il Corso Superiore di Arte Visiva a Como (*visiting professor*: Joseph Kosuth). Vive e lavora a Milano.

Simone Berti was born in Adria near Rome in 1966. He graduated from the Accademia di Belle Arti di Brera in Milan in 1996, after attending the "Corso Superiore di Arte Visiva" in Como in 1995 (that year the visiting professor was Joseph Kosuth). He lives and works in Milan.

Principali mostre personali
Selected solo exhibitions
Galleria Massimo De Carlo, Milano, 1998; Centro Arte Contemporanea Spazio Umano, Milano, 1999; Galleria S.A.L.E.S. con/with Paola Pivi, Roma, 1999.

Principali mostre collettive
Selected group exhibitions
Guarene Arte 97, Palazzo Re Rebaudengo, Guarene, Cuneo, 1997; *Mercato Globale - Fuoriuso*, Montesilvano, Pescara, 1997; *Mostrato - Fuori Uso*, Mercato ortofrutticolo, Pescara, 1997; *Examining Pictures*, Whitechapel Art Gallery, London 1999; Museum of Contemporary Art, Chicago, 1999; *Bestiario*, Galleria Massimo De Carlo, Milano, 1999; Art Dealers, Galerie Roger Pailhas, Marseille, 1999; *Manifesta*, Ljubljana, 2000; *Over the Edges*, S.M.A.K, Gent, 2000; *Atmosfere Metropolitane*, Open-Space, Milano, 2000; *Zeitweden/Outlook*, Kunstmuseum, Bonn, 2000.

Senza titolo, 1999
acciaio, acqua, resistenze elettriche/steel, water, electrical resistence
cm. 400x400x400
p. 51

Senza titolo, 1999
Stampa lambda/lambda print
cm 100x220
Courtesy Galleria Massimo De Carlo, Milano
p. 52

Senza titolo, 1999
stampa lambda/lambda print,
cm 100x220
Courtesy Galleria Massimo De Carlo, Milano
p. 53

Senza titolo, 1999
Progetto per palafitta abitabile monoblocco/Project for livable monoblock pile house
immagine rielaborata al computer/digital work
dimensioni variabili/variable dimensions
p. 54

Senza titolo, 2000
legno, modelli/wood, model
cm. 400x150x300
p. 55

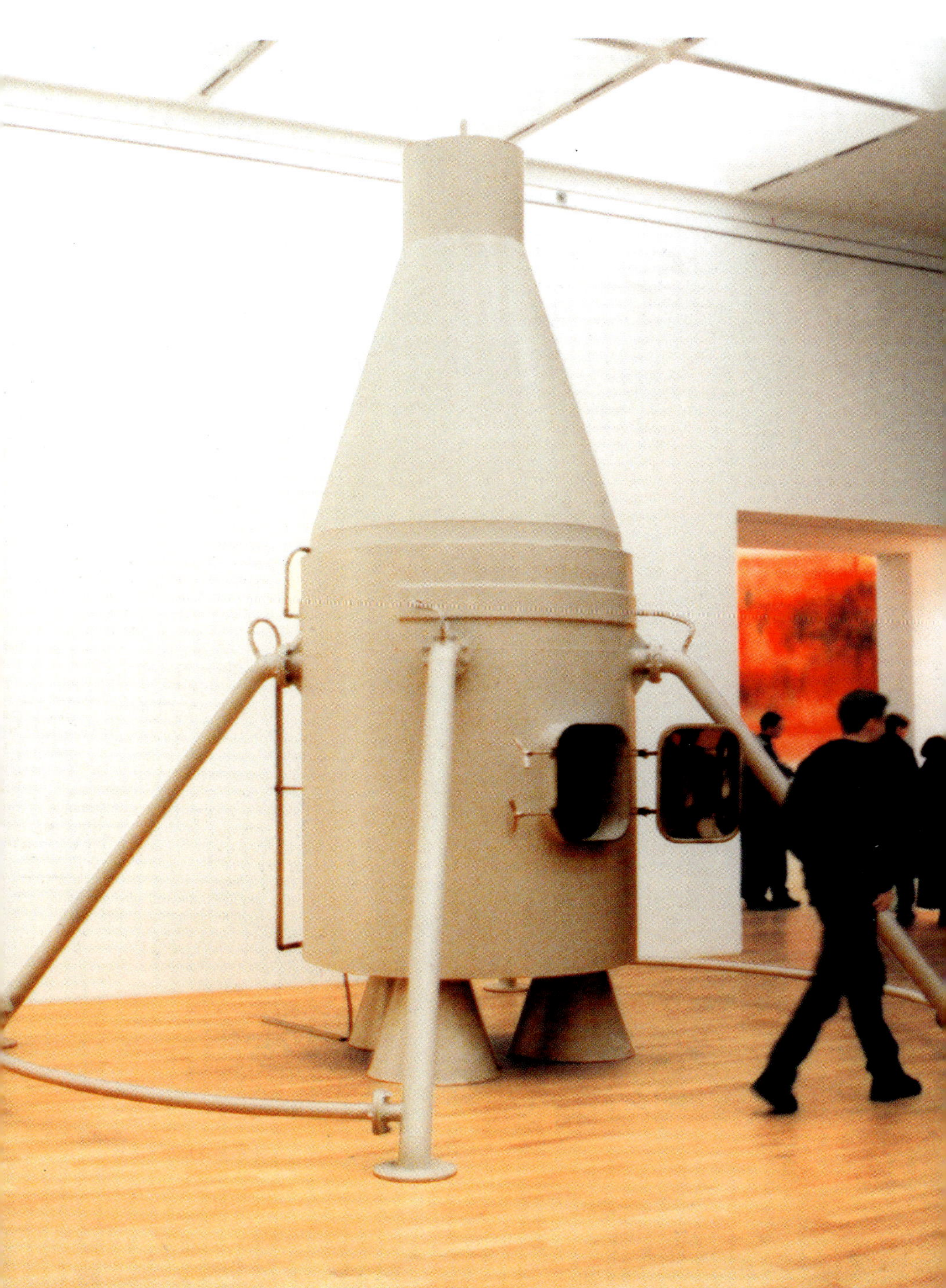

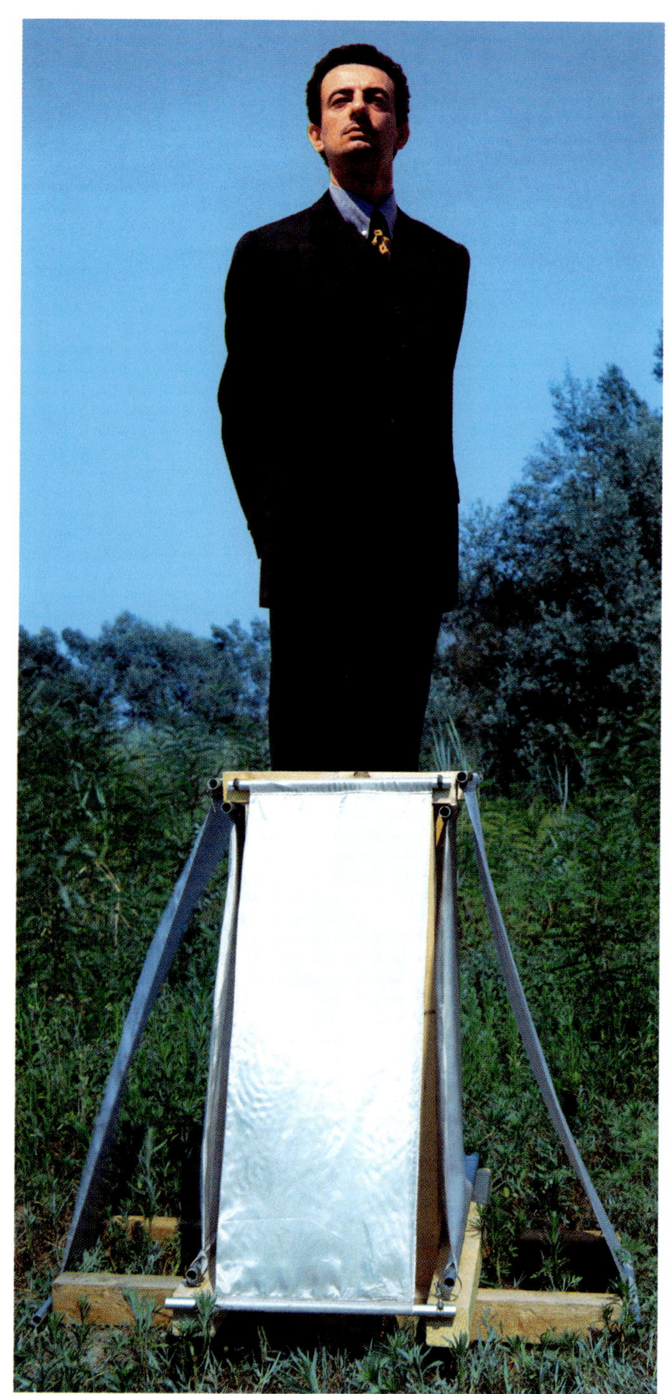

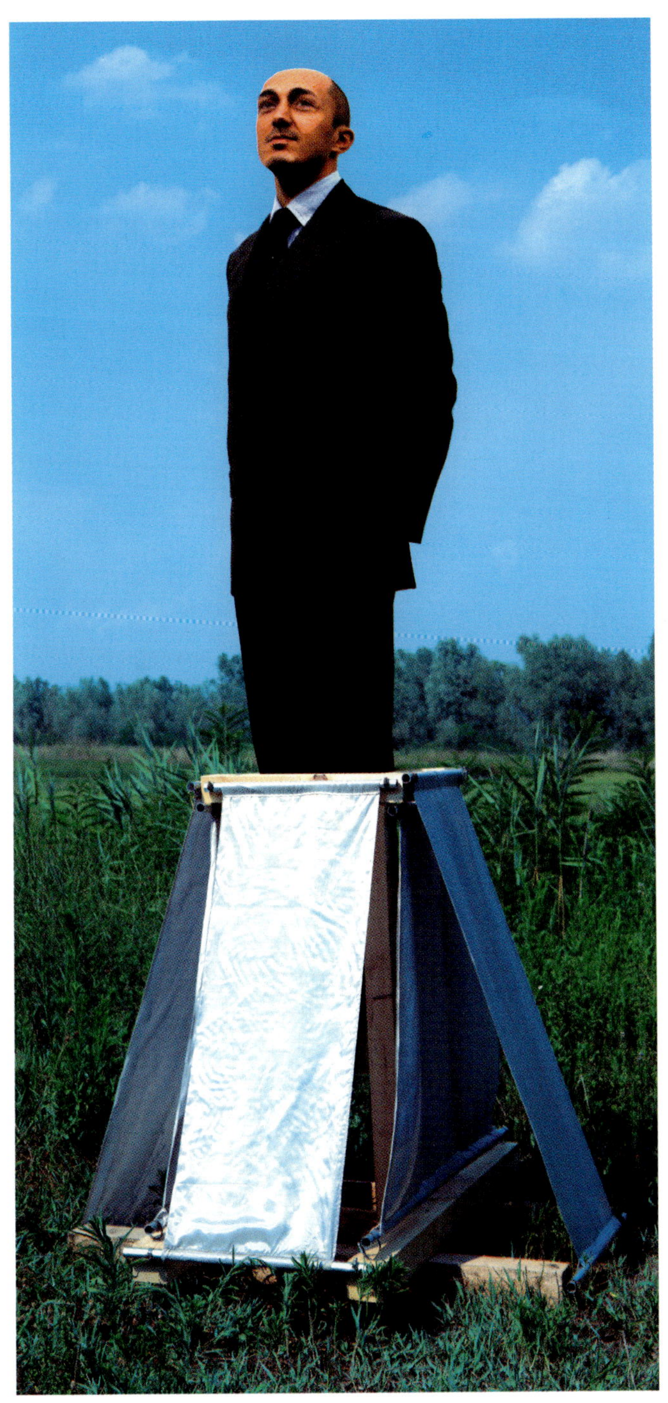

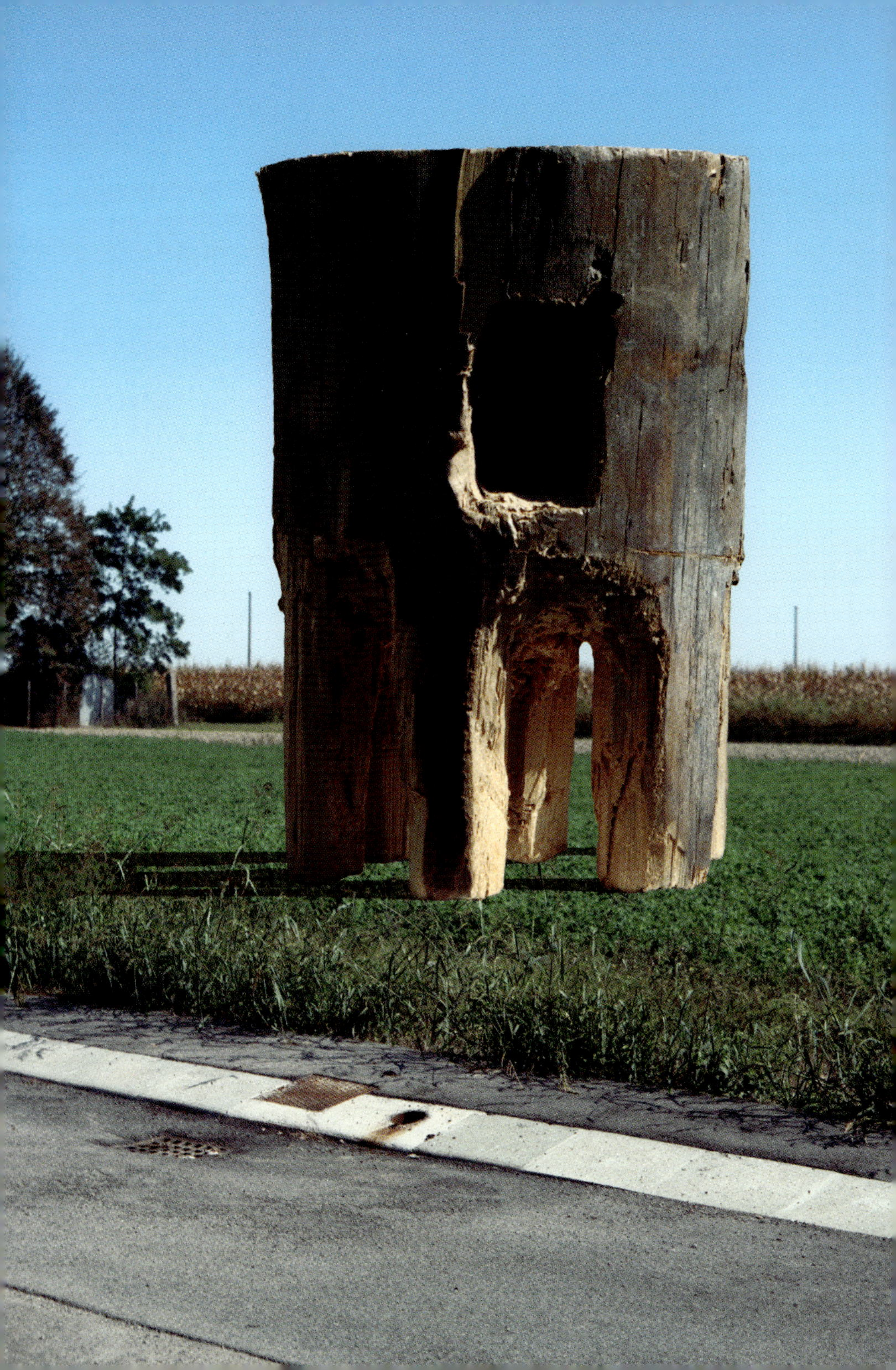

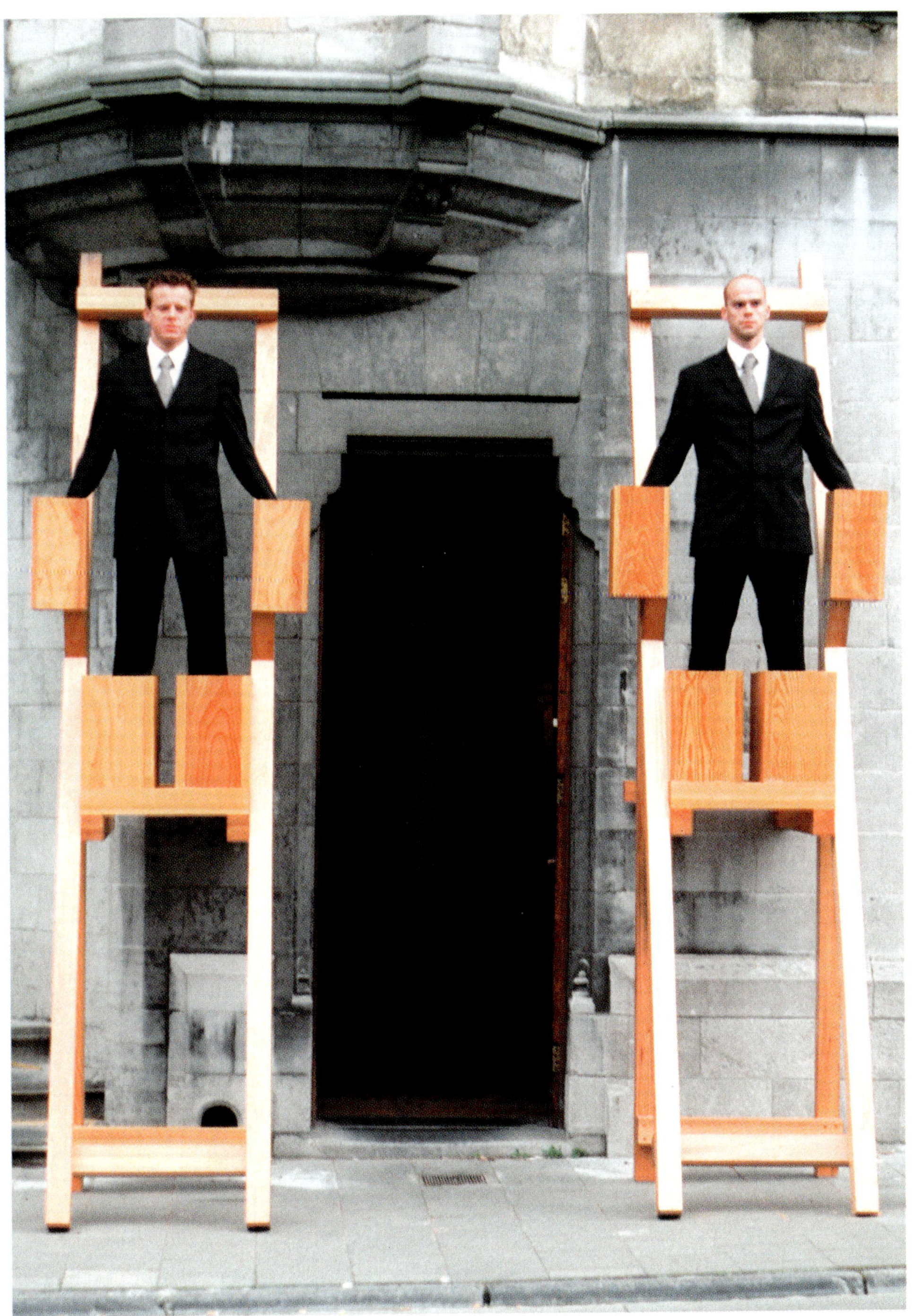

Eva Marisaldi

Eva Marisaldi è nata nel 1966 a Bologna dove vive
e lavora.
La personale con la quale ha esordito è stata curata da
Roberto Daolio alla Galleria Neon di Bologna nel 1990.

Eva Marisaldi was born in 1966 in Bologna, where she
lives and works.
The solo exhibition with which she made her debut was
supervised by Roberto Daolio at the Galleria Neon of
Bologna in 1990.

Principali mostre personali
Selected solo exhibitions
Studio Guenzani, Milano, 1992; *Project Migrateurs*,
Musée de la Ville de Paris, ARC, Paris, 1993; *Minima
Arteria*, Galleria Minini, Brescia, 1995; *Il corso tace -
Iconoscope*, Frac Montpellier, Montpellier, 1995.
Maestri, Galleria Massimo De Carlo, Milano, 1996; *X e
disegno della cancellazione*, Galleria Massimo De
Carlo, Milano, 1996; *Avanti e indietro sul linoleum
fino all'alba*, Galleria Robert Prime, London, 1996;
Molte domande non hanno una risposta, Galleria
Neon, Bologna, 1997; *Omissioni*, Galleria S.A.L.E.S.,
Roma, 1998; *Indifferentemente,* Galleria Massimo De
Carlo, Milano, 1999; *MART*, Trento, 2000; Galleria
Massimo De Carlo, Milano, 2000.

Principali mostre collettive
Selected group exhibitions
Prima Linea, Trevi Flash Art Museum, Trevi, 1994;
L'Hiver de l'Amour, Musée de la Ville de Paris, ARC,
Paris, 1994; *Manifesta*, Rotterdam, 1996; *Fatto in
Italia*, Centre d'Art Contemporain, Genève, 1997;
Trash, Palazzo delle Albere, Trento, 1997; *La ville, le
jardin, la mémoire*, Villa Medici, Roma, 1998.

Tristan, 2000
videogioco/video game
Courtesy Galleria Massimo De Carlo, Milano
p. 57

Il bosco di Claire, 1999
videoproiezione e animazione di oggetti in alluminio/
video-projection of aluminum animated objects, 1999
p. 58

Indifferentemente, 1999
video
p. 59

Spazio aperto, 1999
disegno su linoleum/drawing on linoleum
4 novembre/November - 5 dicembre/December 1999
Galleria d'arte Moderna, Bologna
Courtesy Galleria Neon, Bologna
p. 60

Spazio aperto, 1999
disegno su linoleum/drawing on linoleum
4 novembre/November - 5 dicembre/December 1999,
Galleria d'arte Moderna, Bologna
Courtesy Galleria Neon, Bologna
p. 61

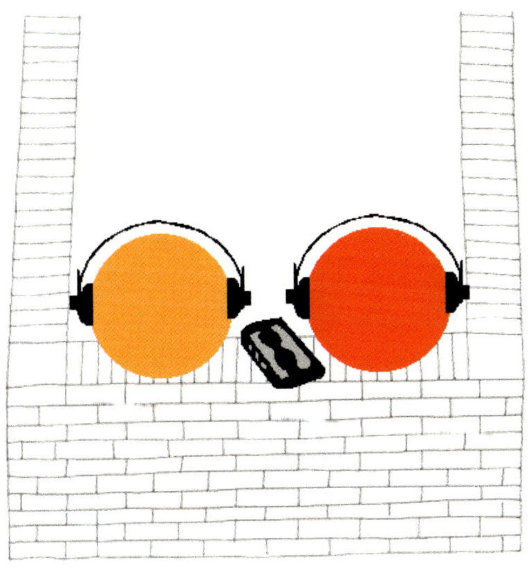

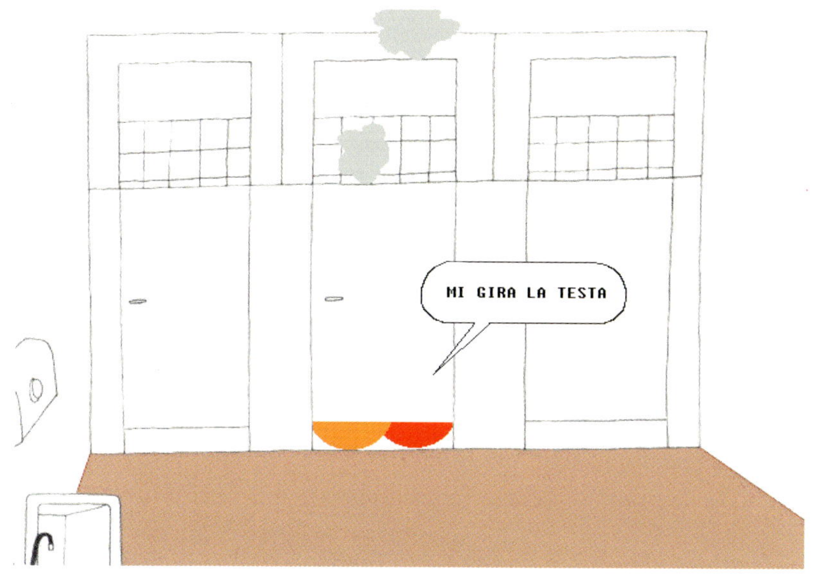
MI GIRA LA TESTA

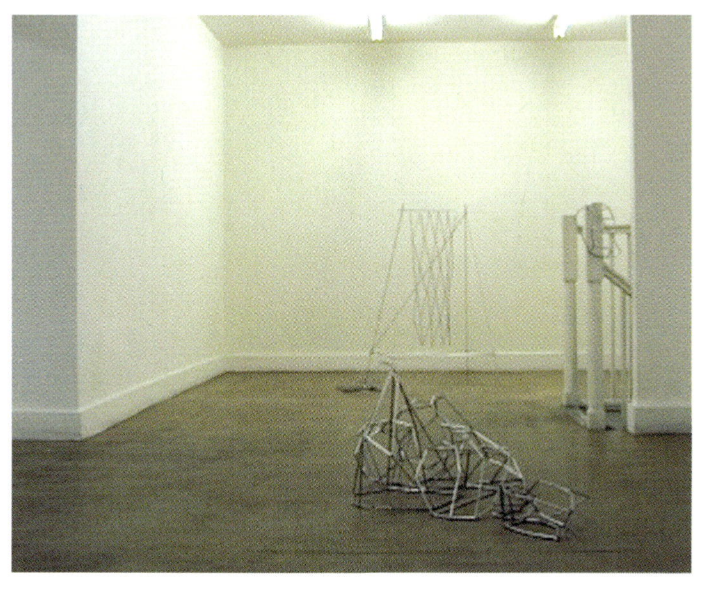

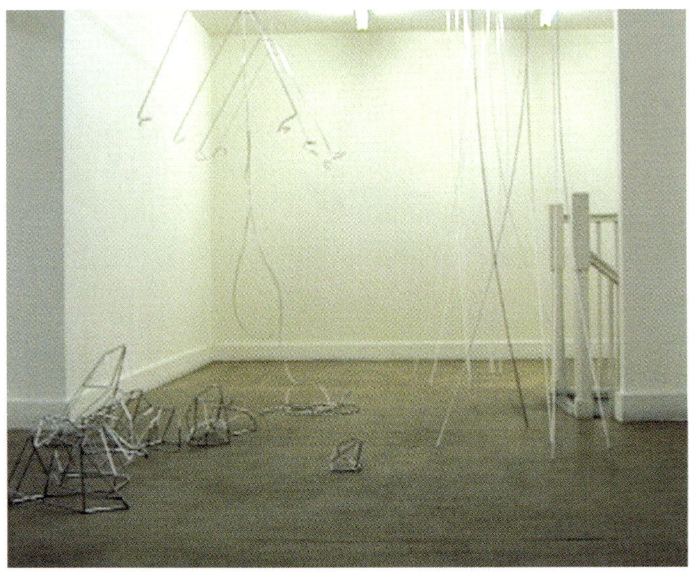

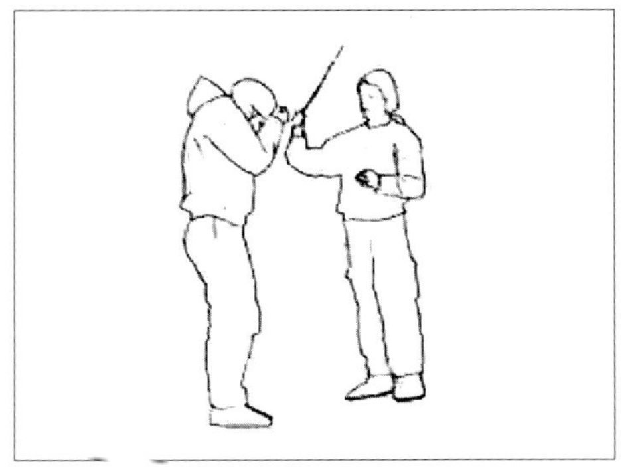

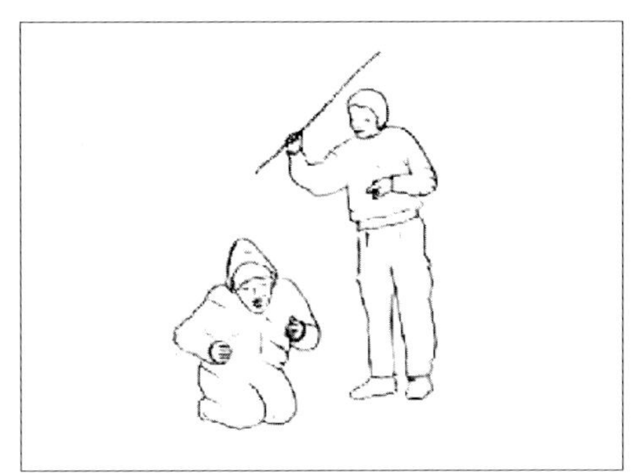

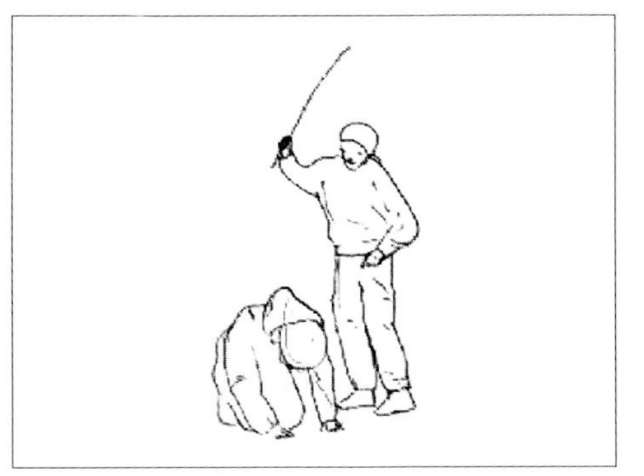

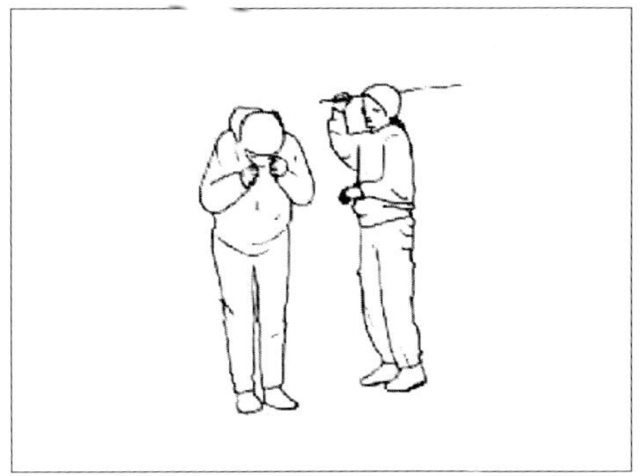

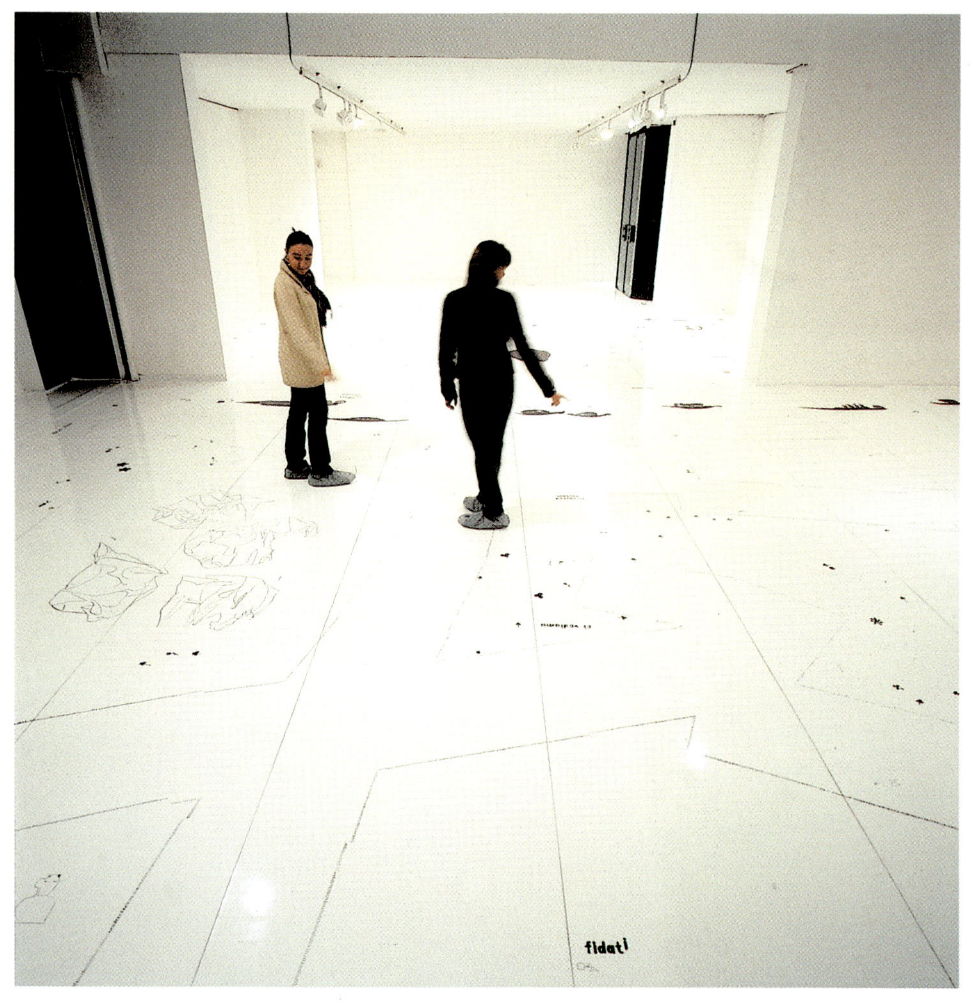

fidati

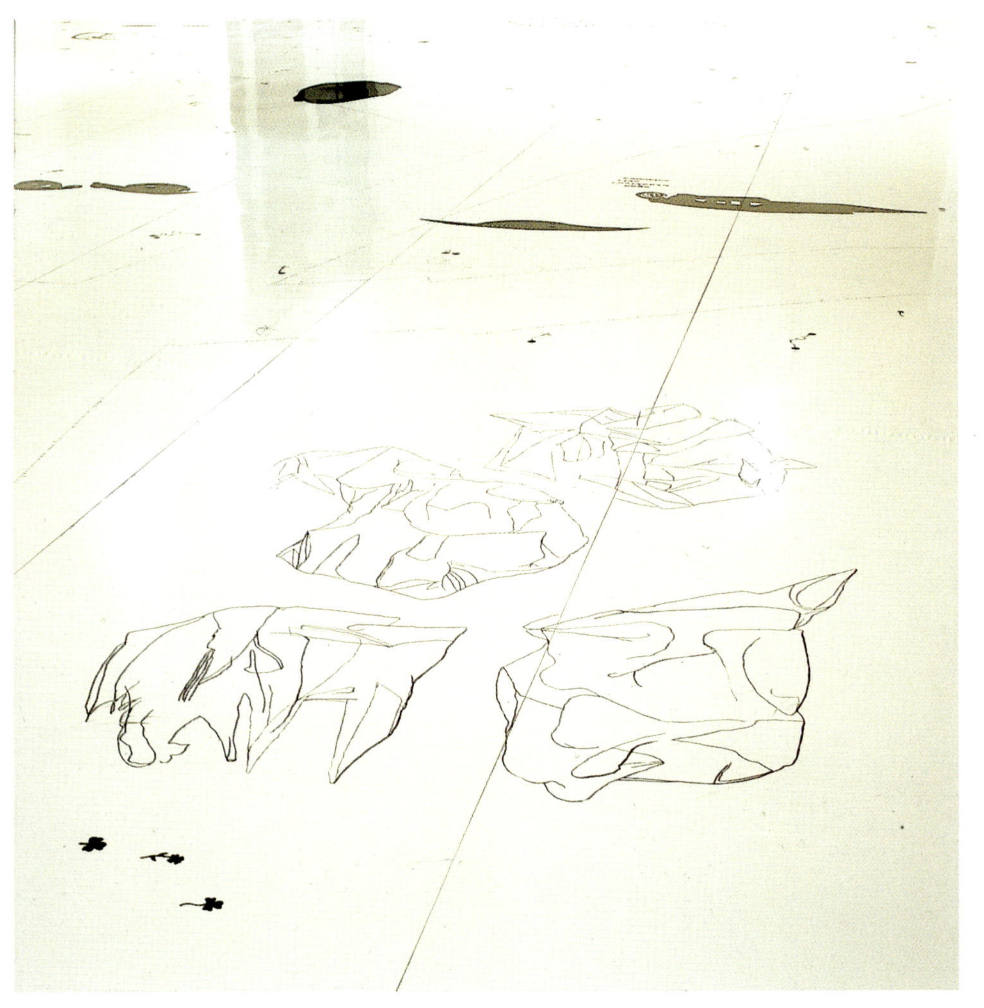

Paola Pivi

Nata nel 1971. Nel 1996 ha frequentato il corso superiore di Arte Visiva a Como (*visiting professor*: Armedler); nel 1999 ha vinto la borsa di studio al P.S.1 a New York. Vive e lavora tra Milano e New York.

Born in 1971. In 1996 she attended the advanced course in Visual Arts in Como (visiting professor Armedler); in 1999 she won a scholarship to P.S. 1 NY. She lives and works between Milan and New York.

Principali mostre personali
Selected solo exhibitions
Galleria Massimo De Carlo, Milano, 1998.

Principali mostre collettive
Selected group exhibitions
Transatlantico, Via Farini, Milano, 1996; *Jingle Bells 806*, a cura di/curated by Uwe Schwarzer, Galleria Massimo De Carlo, Milano, 1997; *Guarene Arte 98*, Palazzo Re Rebaudengo, Guarene d'Alba, 1998; *Opera Nuova - Fuori Uso '98*, Pescara, 1998; nel/in 1999 *dAPERTutto*, XLVIII Biennale di Venezia, Venezia; *Serendipiteit*, Watou; *Destination is wherever it arrives*, Salon, London; *Arte al Centro 99*, Fondazione Pistoletto, Biella; *Zone - Espèces d'Espaces*, Fondazione Sandretto Re Rebaudengo, Guarene d'Alba; *YOUNG@ALL.AGES*, Deweer Art Gallery, Otegem; *Globale Positionen*, Museum in Progress, Der Standard, Wien; *Shanghart*, Shanghai; *L'Autre Sommeil*, ARC, Paris; *Au-Delà*, Klosterfelde, Berlin; *Paola Pivi*, Castello di Rivoli, Rivoli, 2000.

Senza titolo (aereo), 1999
Aereo Fiat G-91/G-91 Fiat plane
Courtesy Galleria Massimo De Carlo, Milano
p. 63

Leoni, 1998
proiettori di luce (64.000 w), cavi, camion generatore di corrente, scaffalatura/floodlights (64.000 w), cables, current generator lorry, 66x304x51 cm
Courtesy Galleria Massimo De Carlo, Milano
pp. 64-65

60.000.000 di neutrini dal sole passano attraverso l'intera terra ogni secondo, ogni cm quadrato, 1999
Intervento sulle pagine del quotidiano/work published on the pages of the daily newspaper "Der Standard", Wien, 30 agosto/August 1999, 63x46,5 cm
pp. 66-67

Con la collaborazione di/With the collaboration of Roberta Antolini e del/and of Laboratorio di Fisica delle Particelle del Gran Sasso

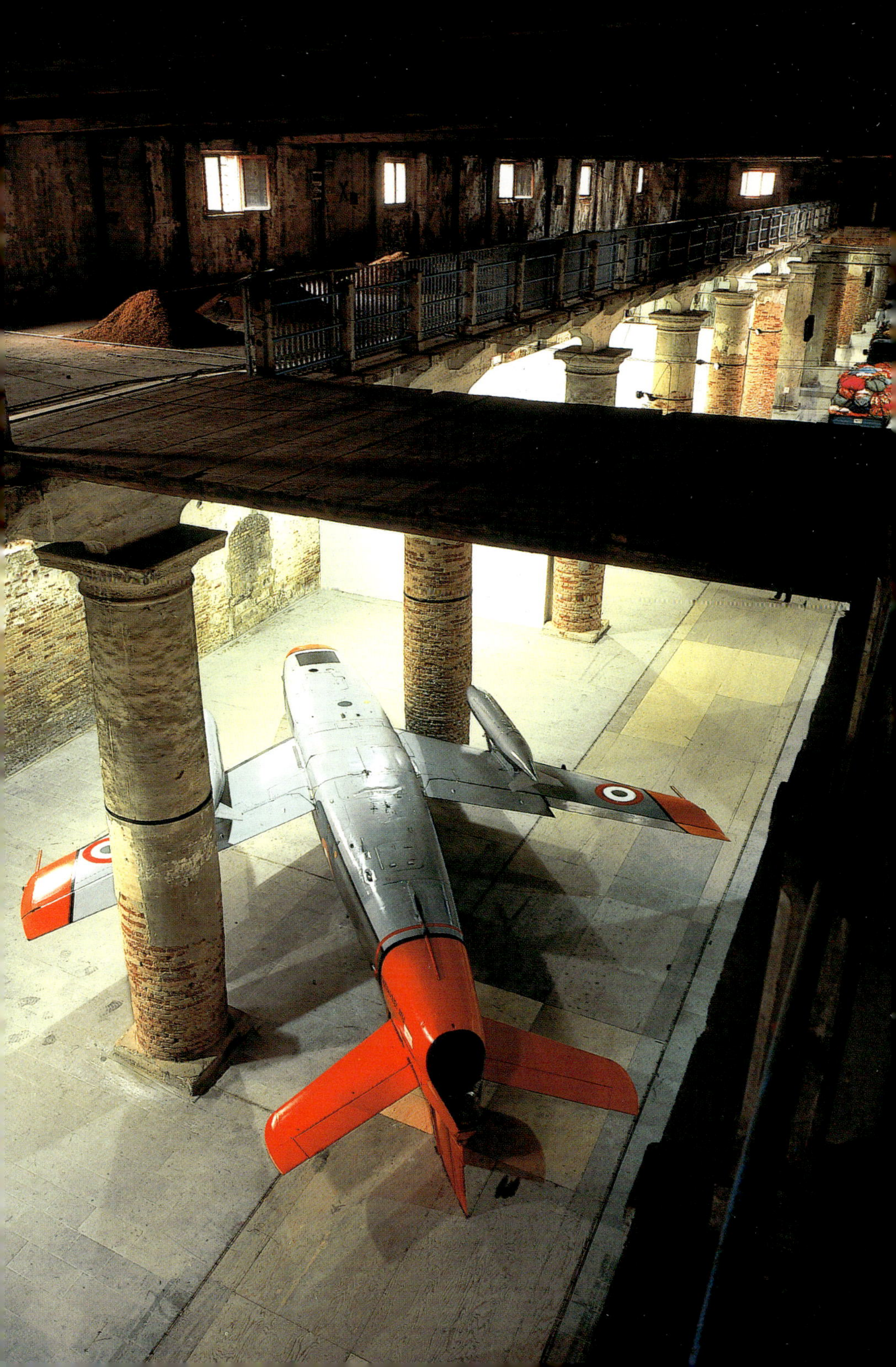

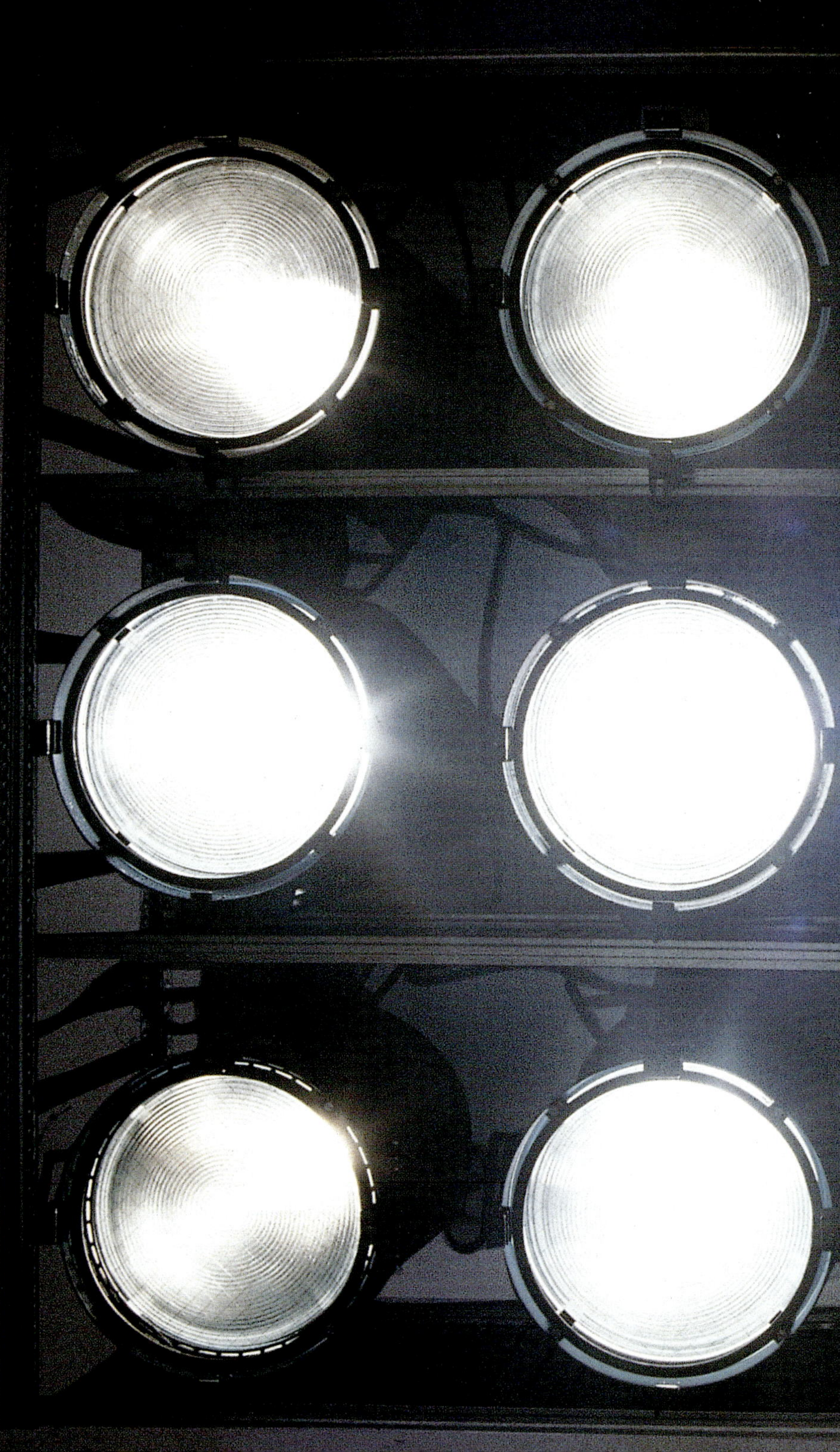

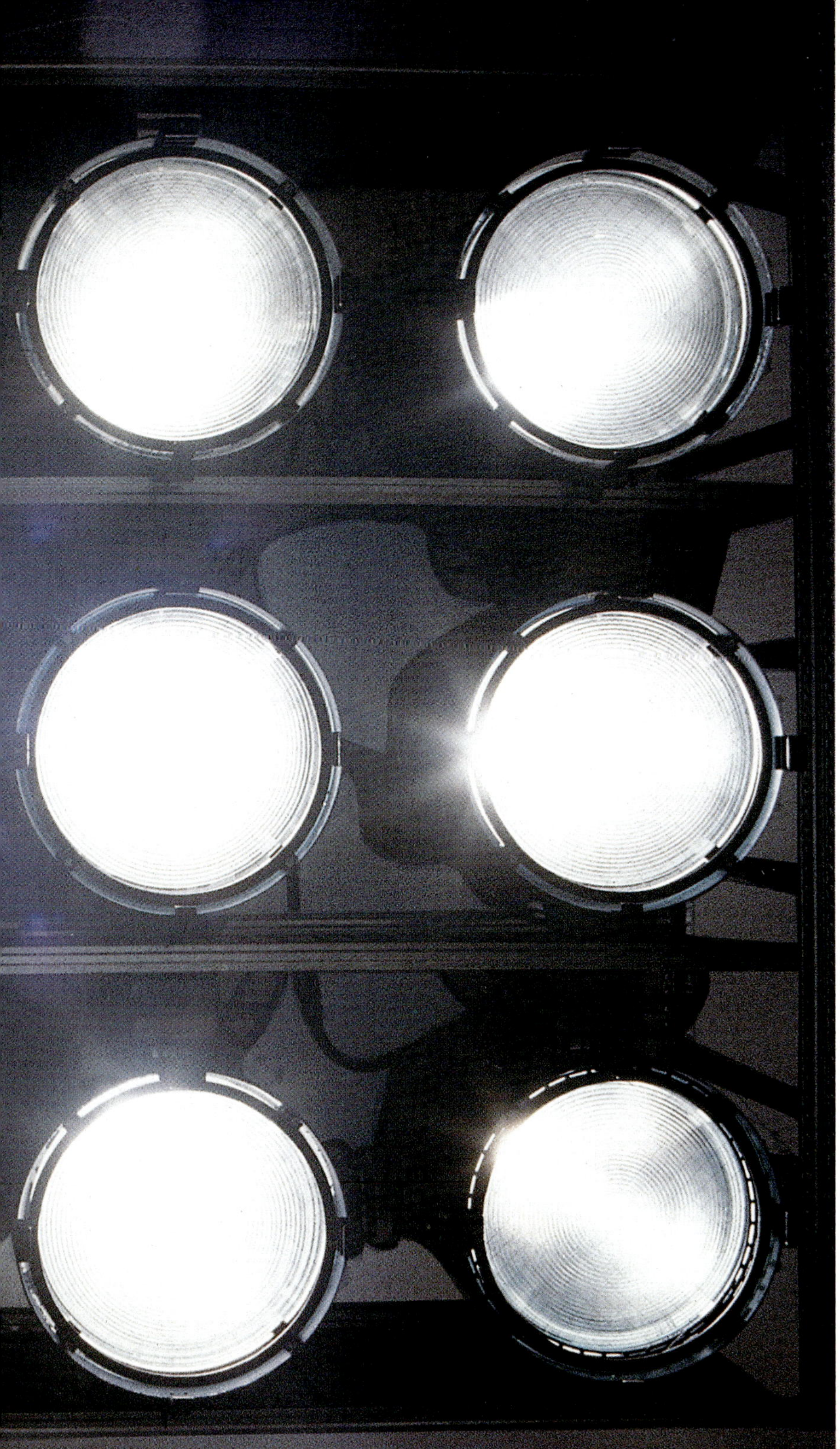

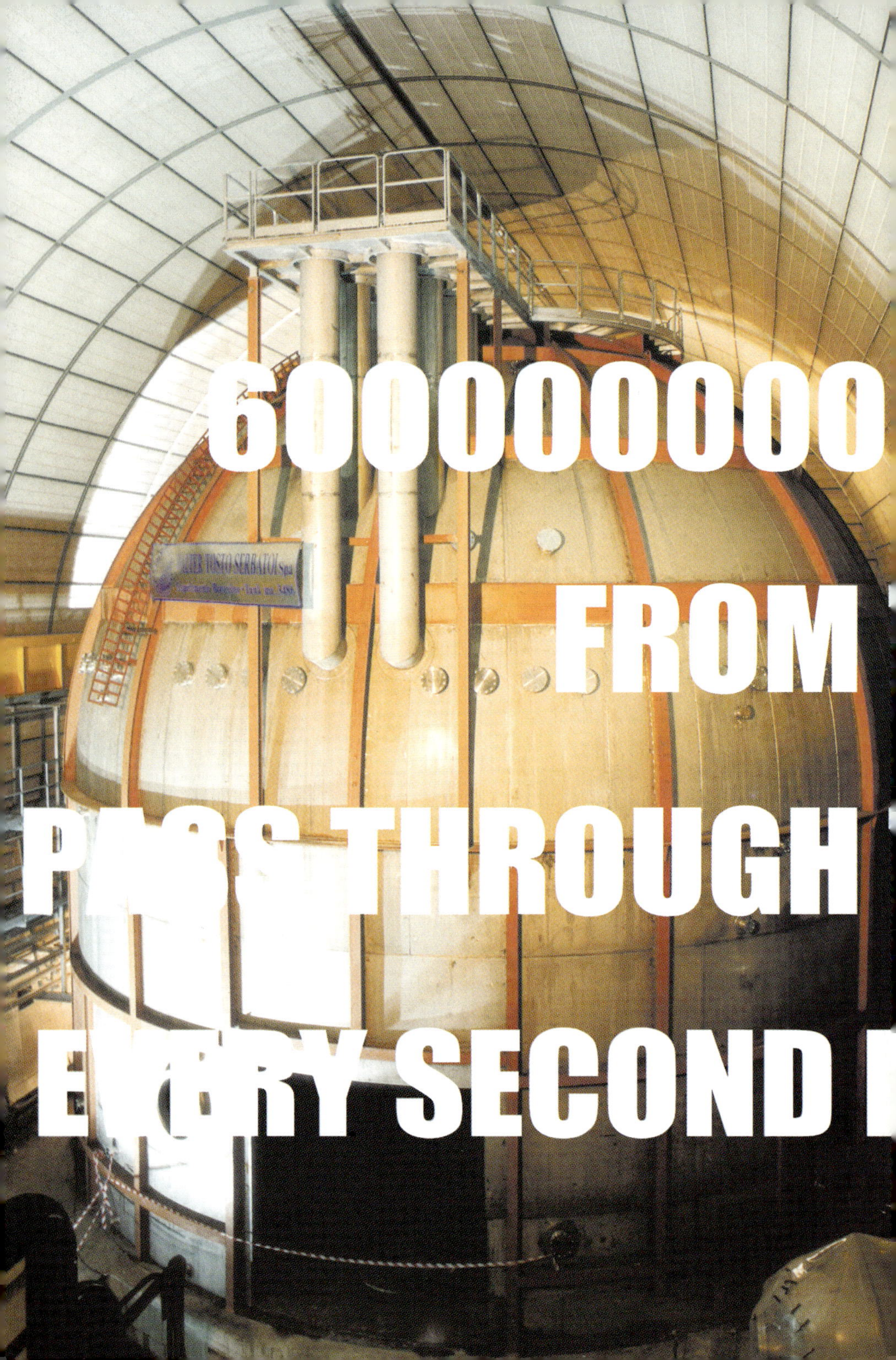
600000000
FROM
PASS THROUGH
EVERY SECOND

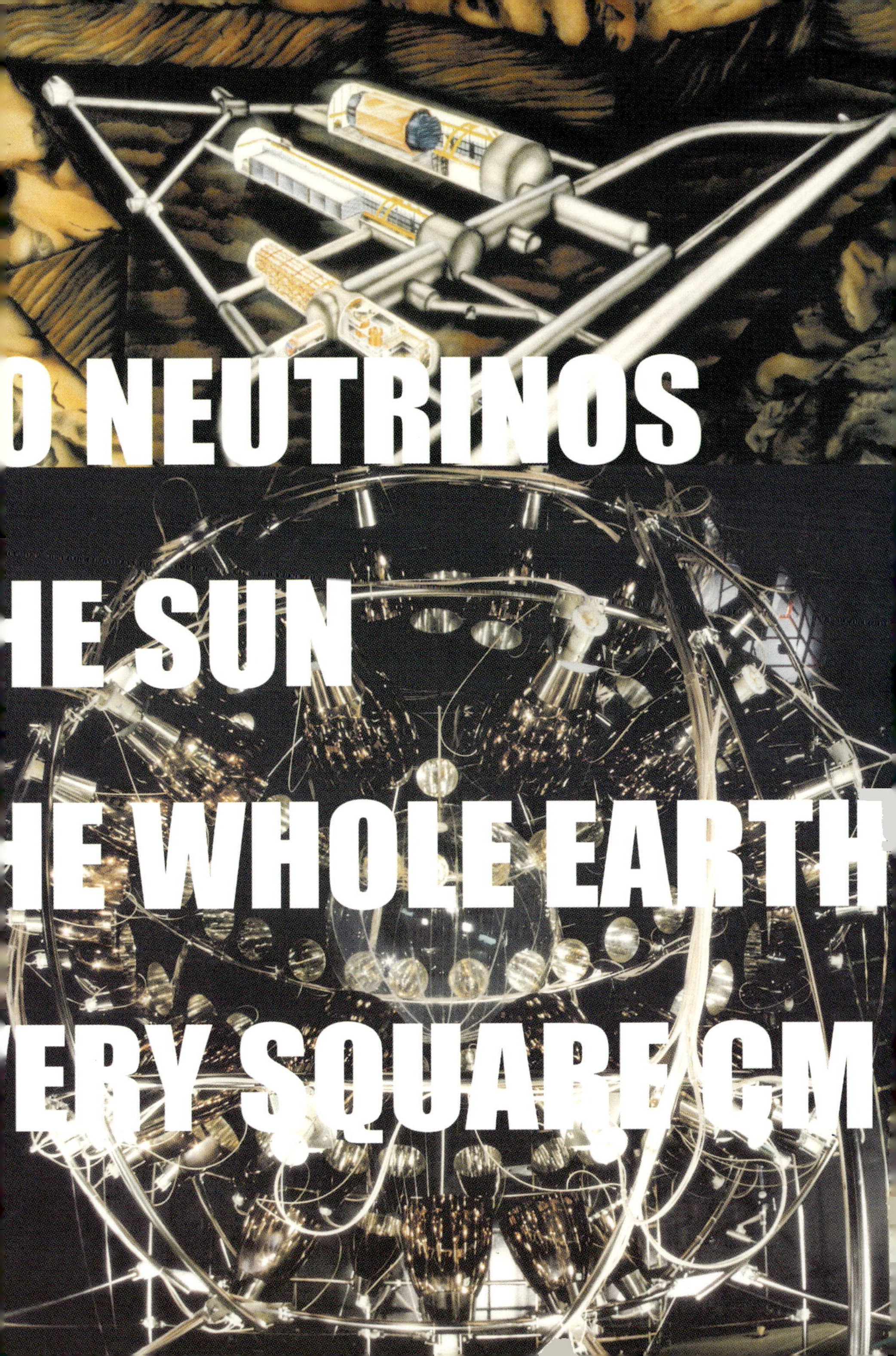
O NEUTRINOS
HE SUN
HE WHOLE EARTH
ERY SQUARE CM

Alessandra Tesi

Alessandra Tesi è nata nel 1969 a Bologna dove si è diplomata all'Accademia di Belle Arti nel 1994. Nel 1995 ha partecipato ai seminari dell'Institut des Hautes Etudes en Art Plastiques a Parigi. Nel 1999 ha ricevuto il premio della Fondazione Blikle, Germania.

Alessandra Tesi was born in 1969 in Bologna, where she graduated from the Academy of Fine Arts in 1994. In 1995 she took part in seminars at the Institut des Hautes Etudes en Art Plastiques in Paris. In 1999 she received a prize from the Blikle Foundation, Germany.

Principali mostre personali
Selected solo exhibitions
Castello di Rivara, Torino; Galleria Paolo Vitolo, Milano, 1996; *Le danger gluant de l'ordinaire*, Musée du Papier Peint, Rixheim; *Tic de l'esprit*, Galleria Neon, Bologna, Institute of Visual Arts, Milwaukee, 1997; *La croce Verde* (istallazione/installation), Santa Maria della Scala, Siena, 1998; *Interference Pearl*, Castello di Rivoli, Rivoli; *Opale 00*, Galleria Massimo Minini, Brescia, 1999.

Principali mostre collettive
Selected group exhibitions
Aperto '95/Out of Order, Galleria d'Arte Moderna, Bologna, 1995; *Prospect '96*, Kunstverein, Schirn Kunsthalle, Frankfurt, 1996; *Des histoires en formes*, Le Magasin, Grenoble; *Fatto in Italia, Films and videos*, Centre d'Art Contemporain, Genève, ICA, London, 1997; *Côté Sud…*, Institut d'Art Contemporain, Villeurbanne, 1998; *Insight Out-Landscape and Interior in contemporary Photography*, Kunstraum Innsbruck, Kunsthaus Hamburg, Kunsthaus Basel, 1999; *L'altra metà del cielo*, Rupertinum, Museo d'Arte Contemporanea, Salzburg, 2000.

Nuit F 75003, 1999
videoproiezione a terra su *paillettes* blu-cielo, dimensioni variabili/floor video-projections onto sky blue sequins, variable sizes
Collezione Castello di Rivoli, Museo d'Arte Contemporanea, Rivoli-Torino
p. 69

Interference Pearl, 1999
disegno realizzato nell'ambiente con acrilico perla iridescente e colori interferenti, dimensioni determinate dallo spazio/drawing done in the setting with iridescent pearl acrylic and interfering colours, size determined by the space
Collezione Castello di Rivoli, Museo d'Arte Contemporanea, Rivoli-Torino
p. 70

Opale 00, 1999
videoproiezione su microsfere di vetro catarifrangenti, dimensioni variabili/video-projection on reflecting glass micro-spheres, variable sizes
Courtesy Massimo Minini, Brescia
p. 71

Tech 2634 HP, 2000
doppia videoproiezione sovrapposta su *paillettes* iridescenti, ambiente dipinto con colori intereferenti, dimensioni determinate dallo spazio/double video projection superimposed on iridescent sequins, setting painted with interfering colours, sizes determined by the space
Villa delle Rose, Galleria d'Arte Moderna, Bologna
p. 72

Tech 2634 HP, 2000 (particolare/detail)
doppia videoproiezione sovrapposta su *paillettes* iridescenti, ambiente dipinto con colori intereferenti, dimensioni determinate dallo spazio/double video-projection superimposed on iridescent sequins, setting painted in interfering colours, sizes determined by the space
Villa delle Rose, Galleria d'Arte Moderna, Bologna
p. 73

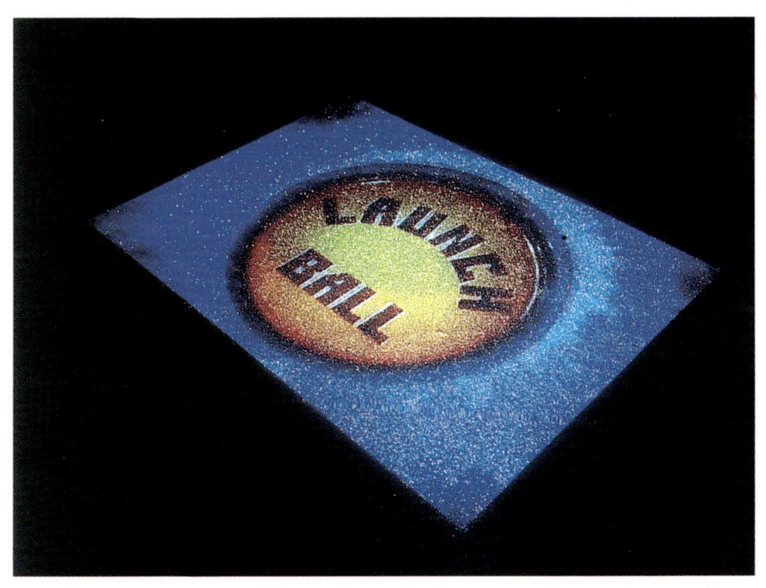

LAUNCH
BALL

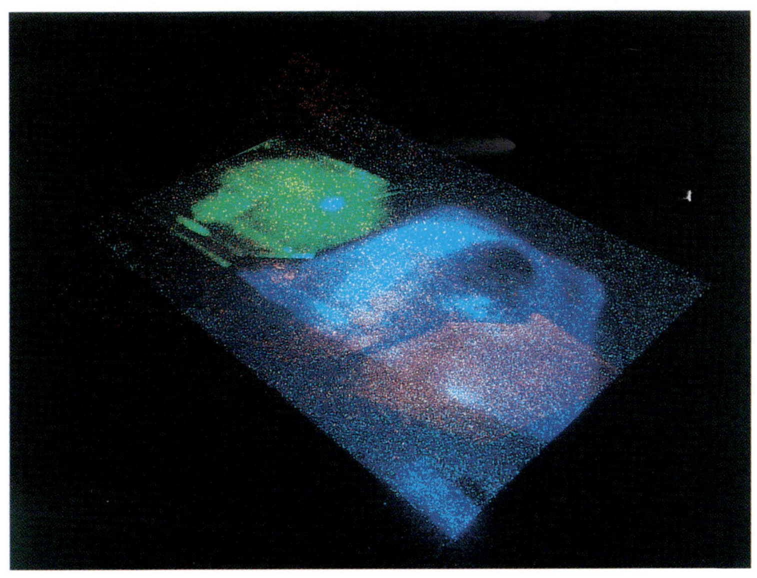

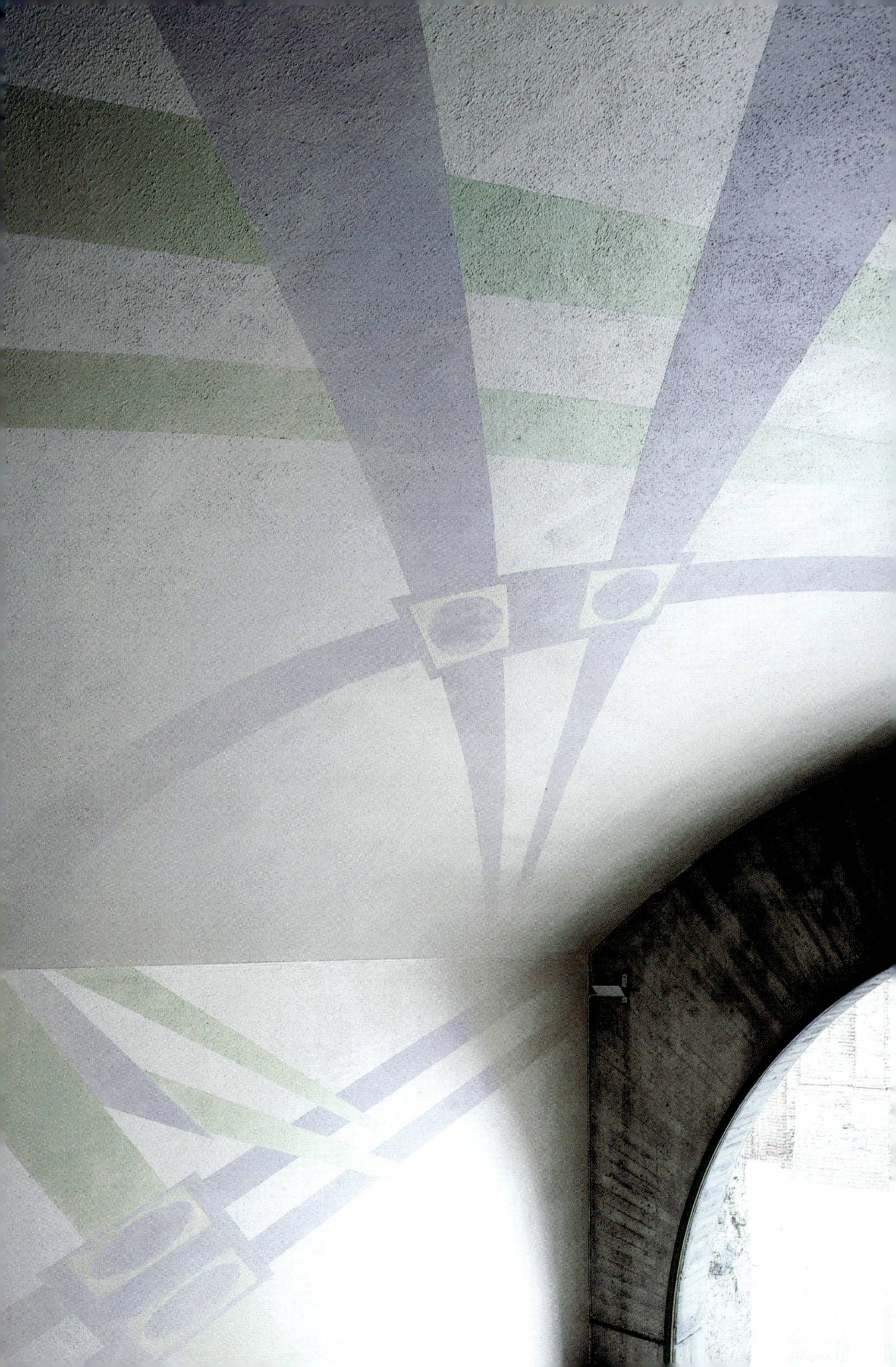

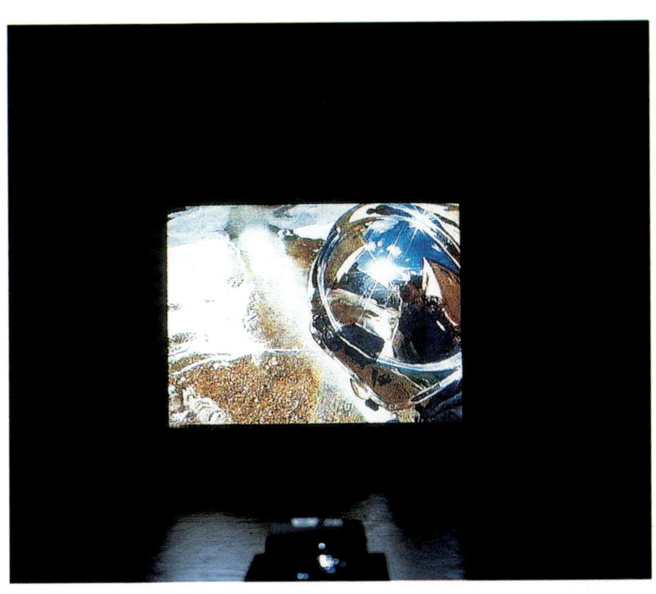

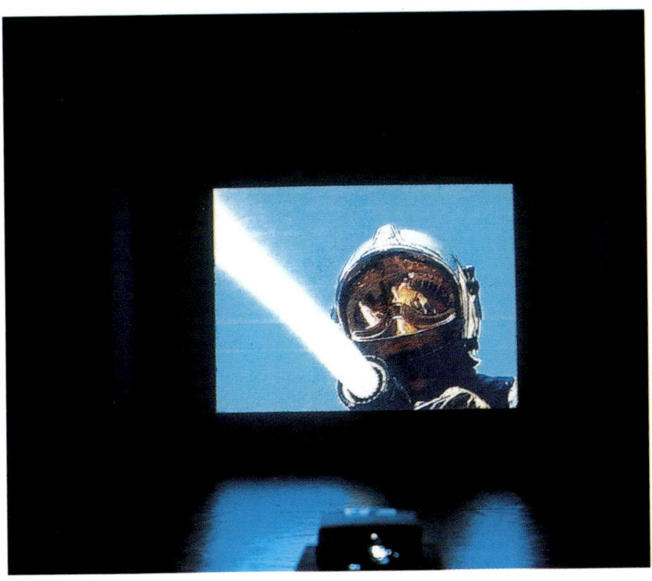

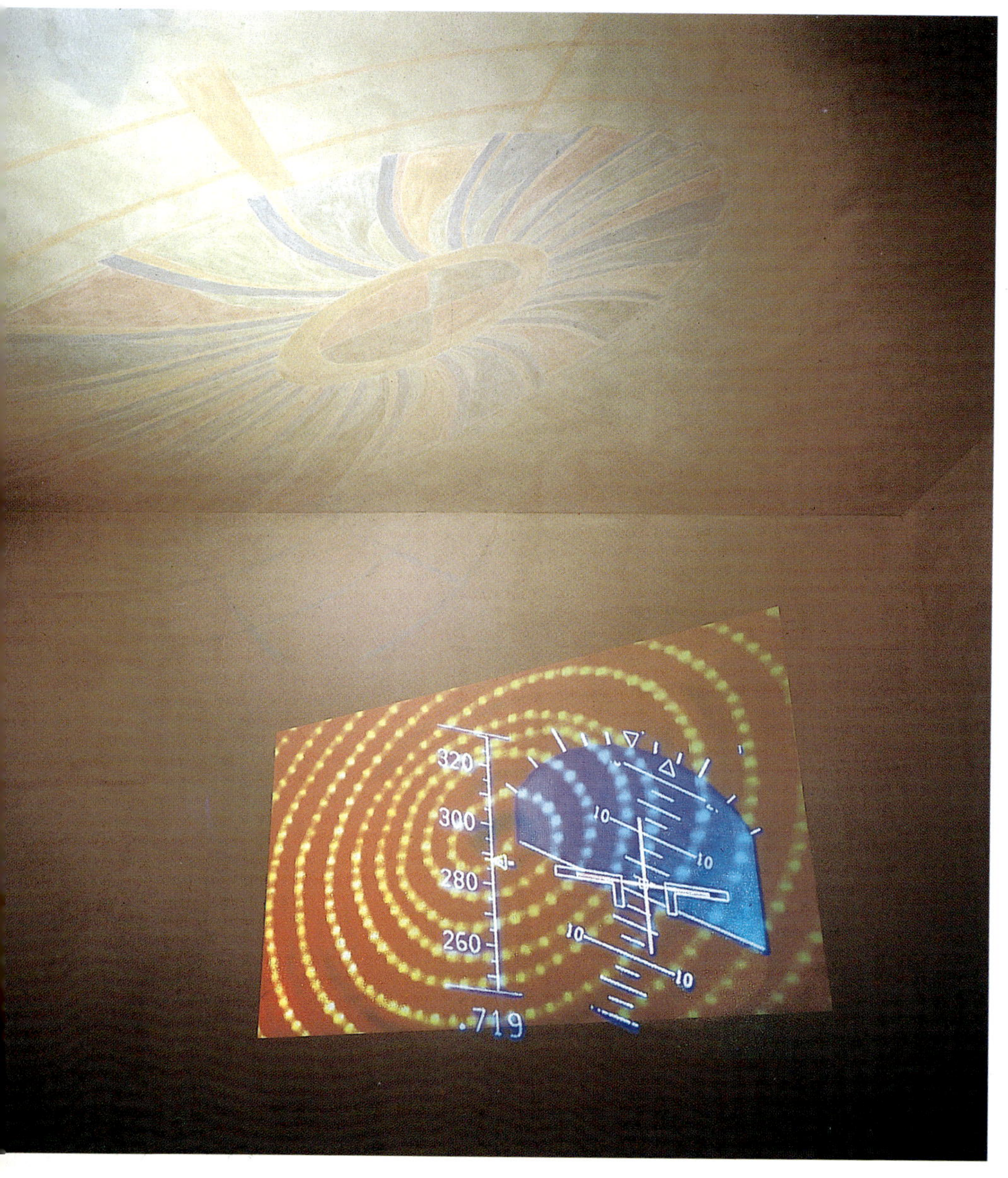
320
300
280
260
.719
10
10
10
10

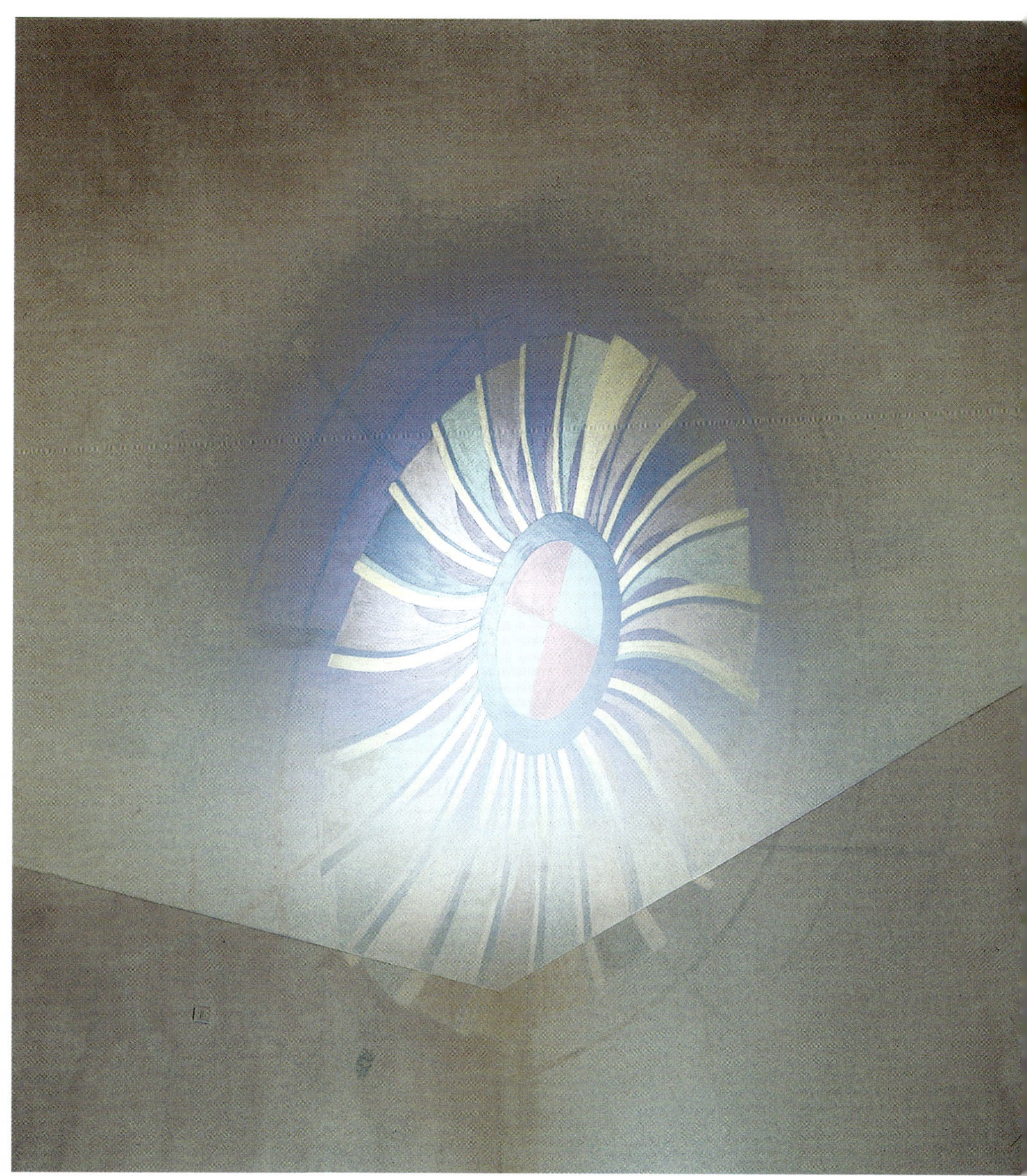

Sisley Xhafa

Sisley Xhafa è nato a Peje in Kosovo nel 1970; dal 1988 vive e lavora in Italia a S.Giuliano Terme in provincia di Pisa.

Sisley Xhafa was born in Peje in Kosovo in 1970; since 1988 he has lived and worked in Italy in S.Giuliano Terme near Pisa.

Principali mostre personali
Selected solo exhibitions
Gallery 221 of MCAD, Minneapolis, 1994; *Hot Journey Towards Heaven*, Placentia Arte, Piacenza, 1999; Fondazione Olivetti, Roma, 2000.

Principali mostre collettive
Selected group exhibitions
*Azion*i, Museo di Arte Contemporanea L. Pecci, Prato, 1997; XLVII Biennale di Venezia (Padiglione Albanese), 1997; XLVIII Biennale di Venezia, 1999; *Manifesta*, Ljubljana, 2000; *Over the Edges*, S.M.A.K, Gent, 2000; Fondazione Pistoletto, Biella, 2000.

Pleasure our flower, 2000
installazione, stazione di Polizia Gand/installation, Police Station, Ghent
Courtesy Galleria Laura Pecci, Milano
p. 75

Piazza della Signoria, 1998
stampa fotografica/photograph, cm. 100x70,
Courtesy Collezione Privata e Courtesy Galleria Laura Pecci, Milano
p. 76

Sisley Xhafa
Mostra Clandestina, Padiglione Albanese alla XXXXVII Biennale Internazionale d'Arte, Venezia, 1997
stampa fotografica/photograph, cm. 100x70,
Courtesy Galleria Laura Pecci, Milano
p. 77

Un caldo profumo di neve, 2000
stampa fotografica/photograph, m. 1,5x2,
Courtesy Galleria Laura Pecci
p. 78

Viaggio caldo attraverso il Paradiso, 1999
installazione di bancali e giornali/installation of pallets ans newspapers
Courtesy Galleria Placentia Arte, Piacenza
p. 79

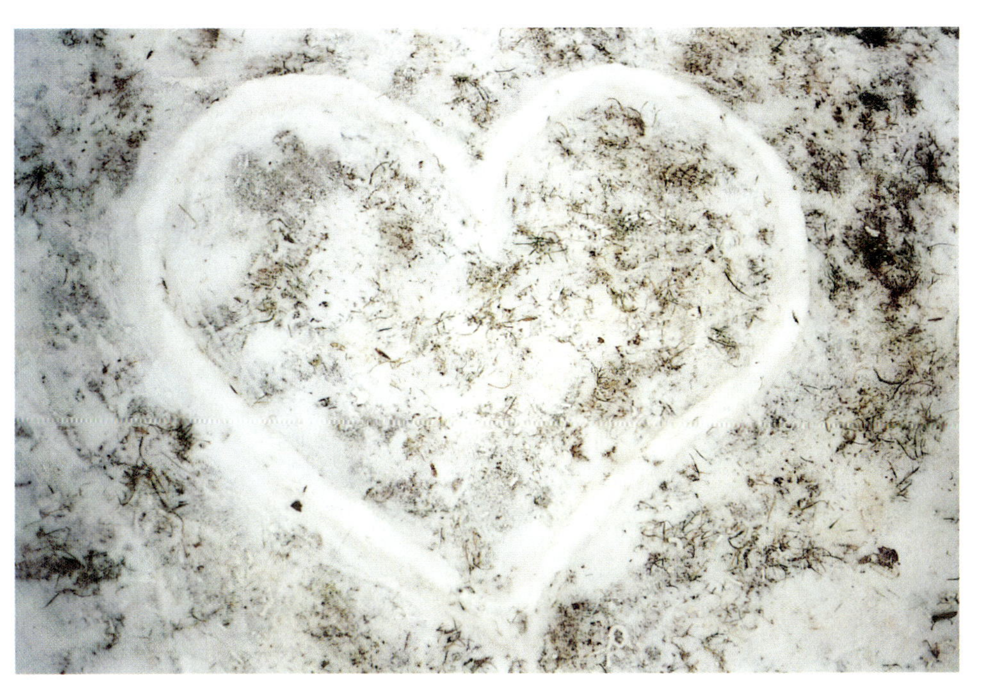

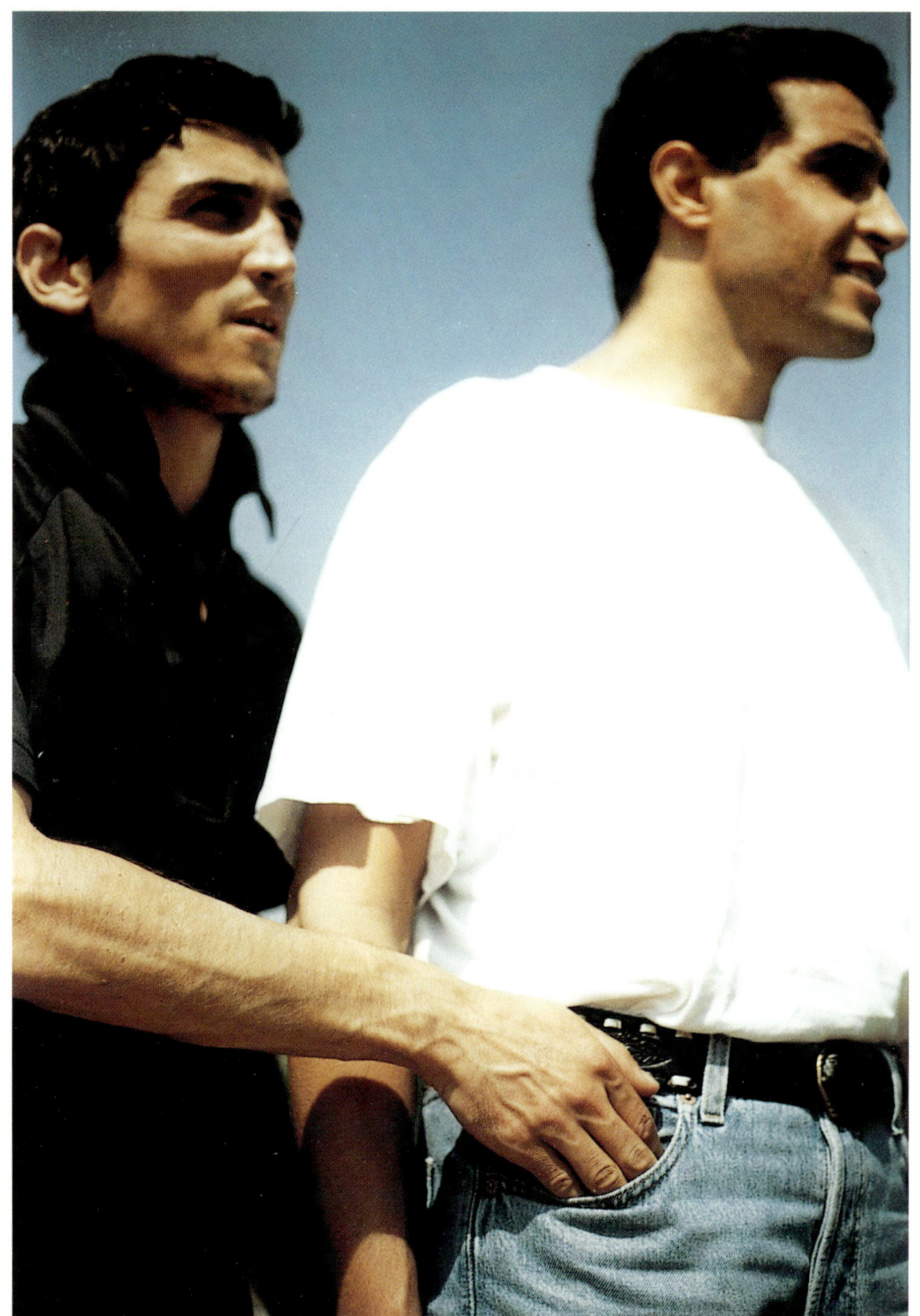

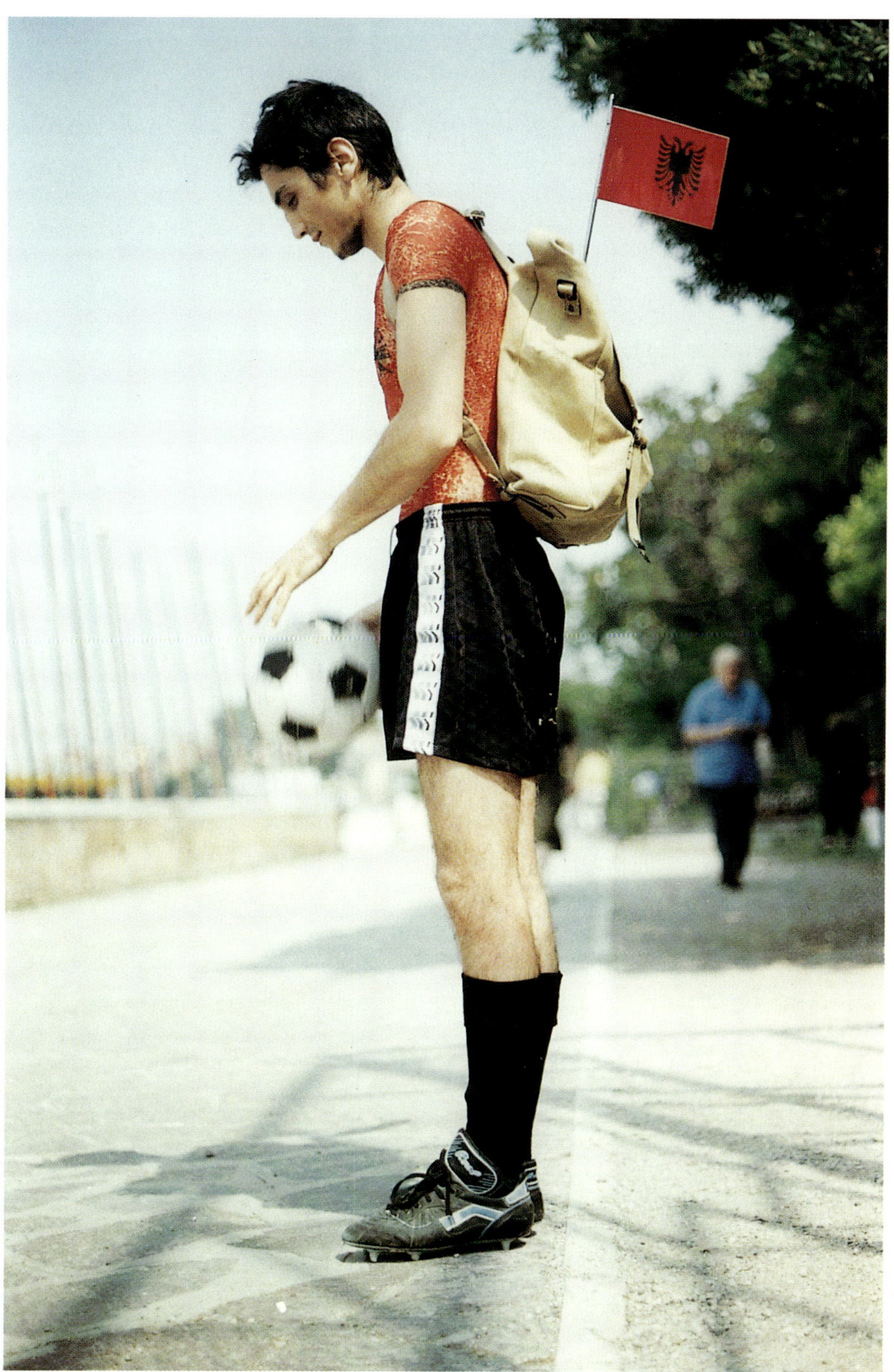

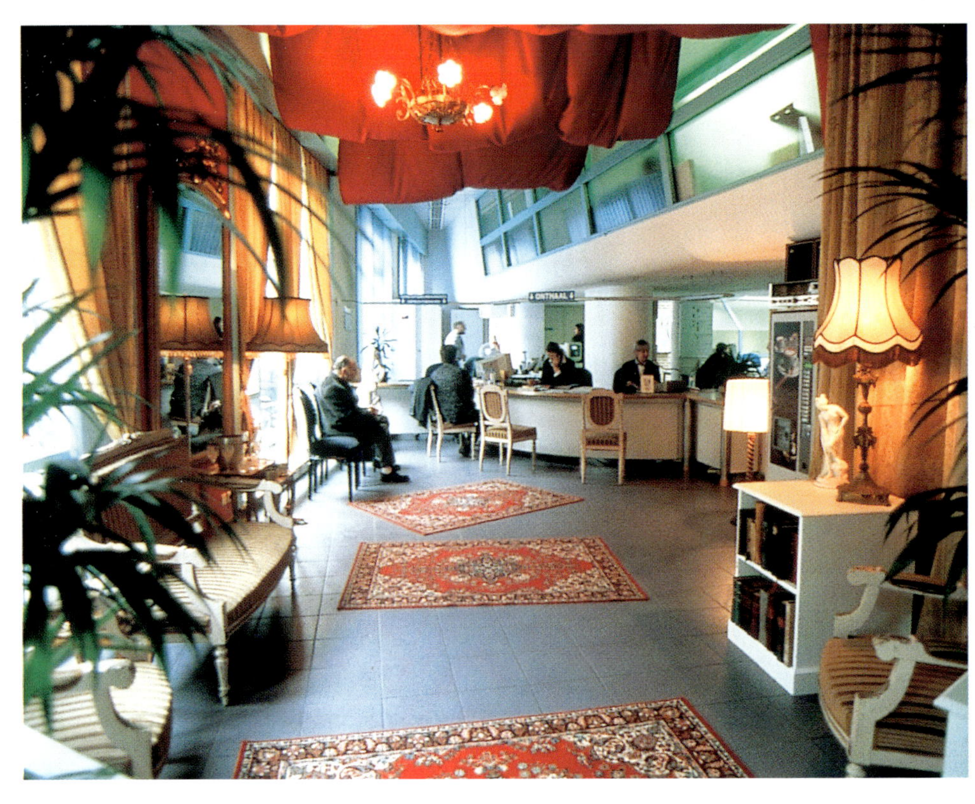

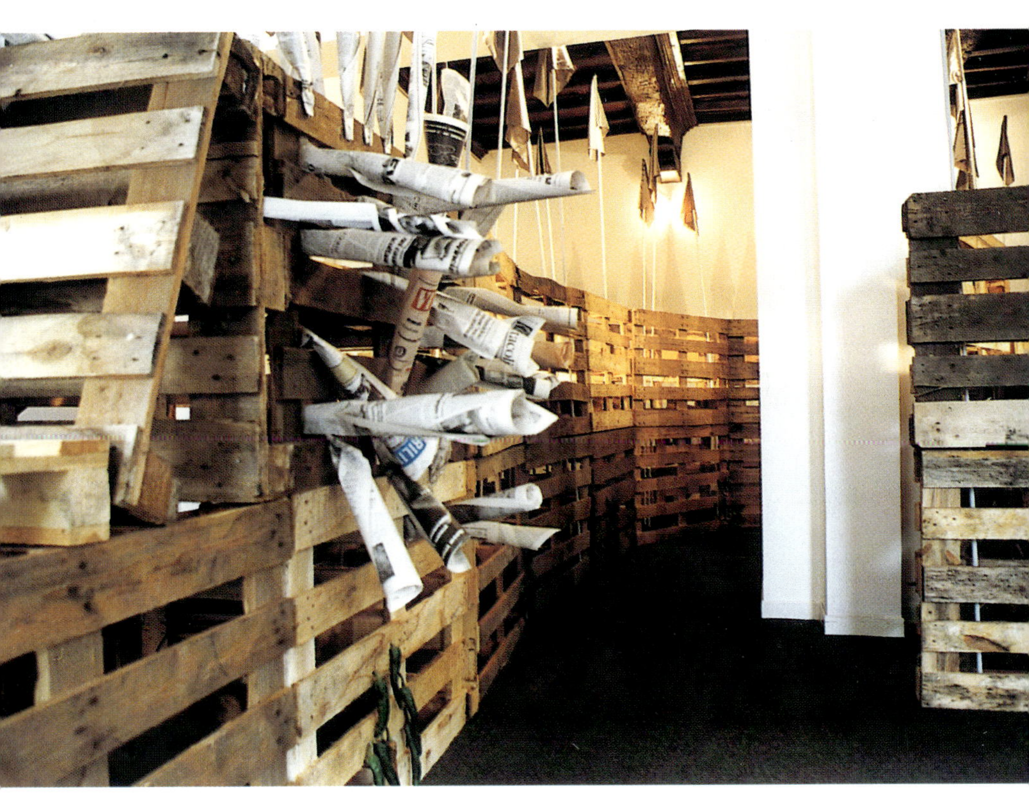

I dieci Critici selezionatori
e i cinquanta Artisti da loro invitati

The ten Critics of the selecting committee
and the fifty Artists they invited

Laura Cherubini

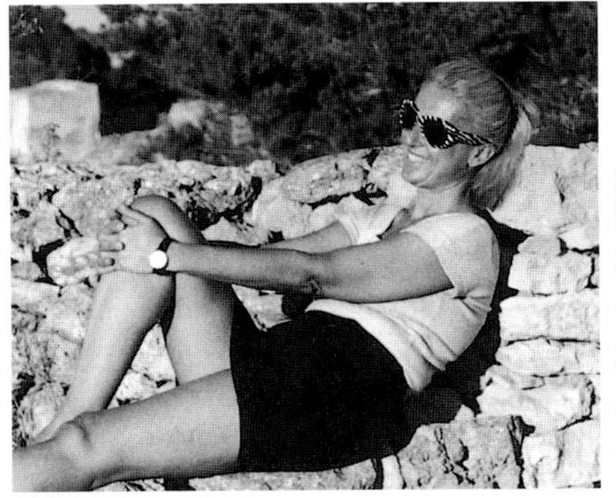

Laura Cherubini è critica d'arte, curatrice indipendente e docente di Storia dell'Arte all'Accademia di Brera di Milano. Vive e lavora tra Milano e Roma./Laura Cherubini is an art critic, indipendent curator and professor of Art History at the Accademia di Brera of Milan. She lives and works in Milan and Rome. Per la prima selezione del Premio Querini-FURLA per l'arte ha invitato/For the first selection of Premio Querini-FURLA per l'arte she invited: Massimo Bartolini, Simone Berti, Giuseppe Gabellone, Miltos Manetas, Paola Pivi.

Massimo Bartolini

Nato a/Born in Cecina, Livorno, nel/in 1962. Vive e lavora a/He lives and works in Cecina.

1 Desert dance, 2000
stampa fotografica e porta/
photograph and door, cm. 370x777

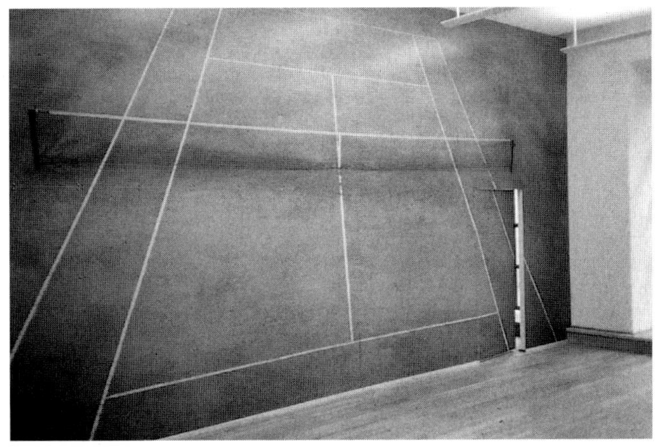

Simone Berti

Nato a/Born in Adria, Roma, nel/in
1966. Vive e lavora a/He lives and
works in Milano.

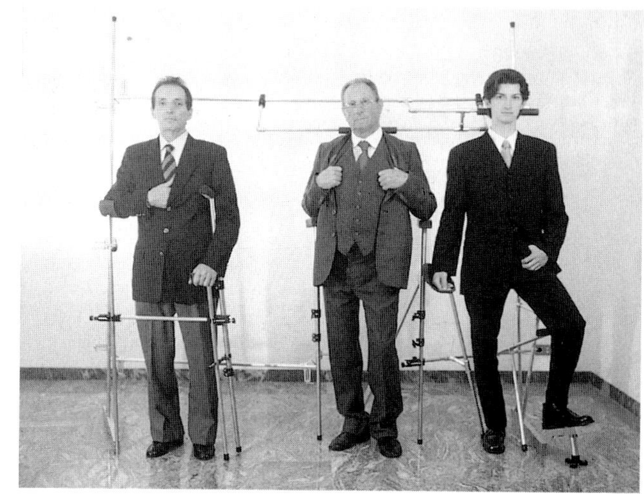

Senza titolo, 1999
stampa lambda/lambda print,
cm. 120x100

Giuseppe Gabellone

Nato a/Born in Brindisi nel/in 1973.
Vive e lavora a/He lives and works
in Milano.

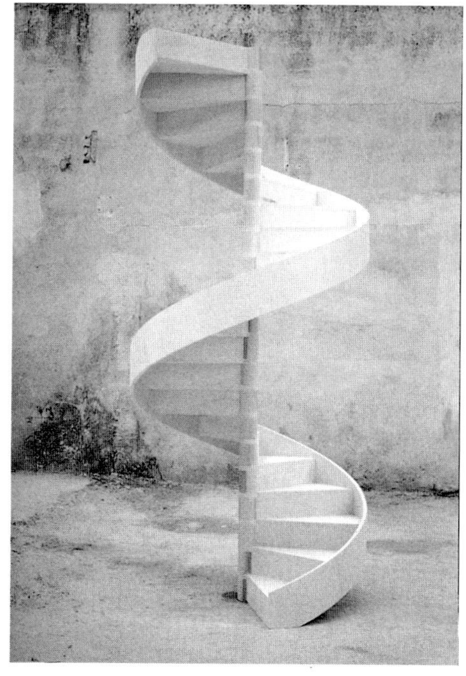

Periodo, 1999
stampa fotografica/photograph,
cm. 210x150, Courtesy Studio
Guenzani, Milano

Miltos Manetas

Nato a/Born in Athína nel/in 1964.
Vive e lavora tra/He lives and works
between Los Angeles e/and New
York.

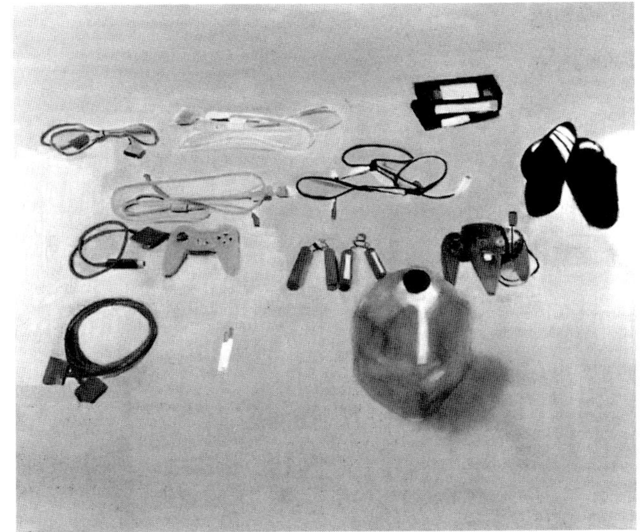

*Untitled (2 cigarettes and water
container)*, 1999
olio su tela/oil on canvas,
cm. 184x124

Paola Pivi

Nata a/Born in Milano nel/in 1971.
Vive e lavora tra/She lives and
works between Milano e/and New
York.

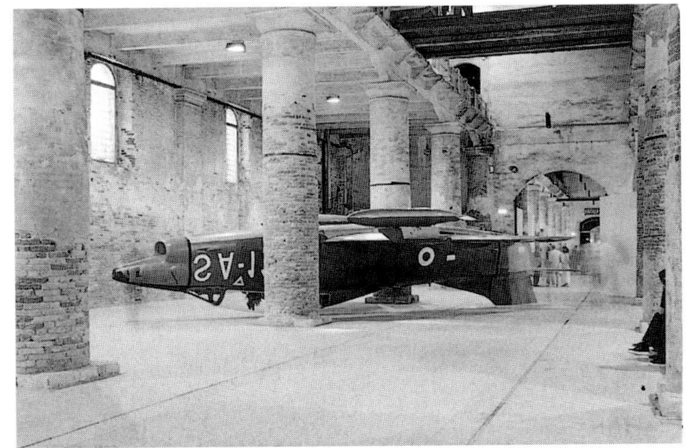

Senza titolo, 1999
aereo Fiat G-91/G-91 Fiat airplane,
cm. 1100x850x300, XLVIII Biennale
di Venezia, Corderie

Claudia Colasanti

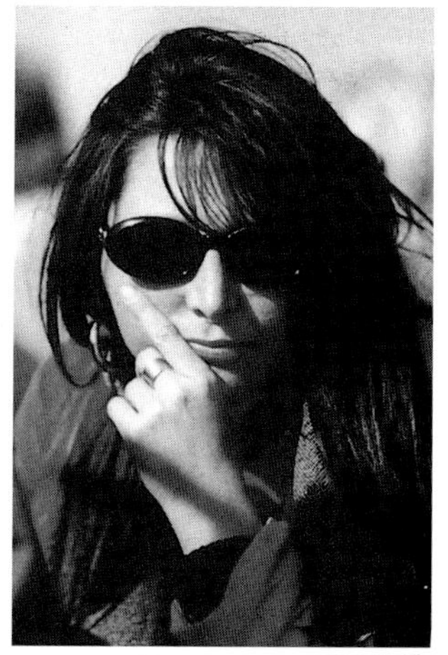

Claudia Colasanti è critica d'arte. Curatrice indipendente, condirettrice della rivista "Artel, fenomeni contemporanei"; si occupa inoltre dell'editing di pubblicazioni d'arte. Vive e lavora a Roma./Claudia Colasanti is an art critic. Independent curator, co-director of the magazine *Artel, fenomeni contemporanei*; in addition she is involved in editing art publications. She lives and works in Rome.
Per la prima selezione del Premio Querini-FURLA per l'arte ha invitato/For the first selection of Premio Querini-FURLA per l'arte she invited: Davide Bertocchi, Gea Casolaro, Piero Cattani, Monica Cuoghi e/and Claudio Corsello, Daniele Puppi.

Davide Bertocchi

Nato a/Born in Modena nel/in 1969. Vive e lavora tra/He lives and works between Nantes e/and Milano.

Galaxy, 1999
skateboards di legno, alluminio, plastica, superficie di legno/wood skateboards, aluminum, plastic, wood surface, veduta dell'installazione/ view of the installation, Galleria W 139, Amsterdam

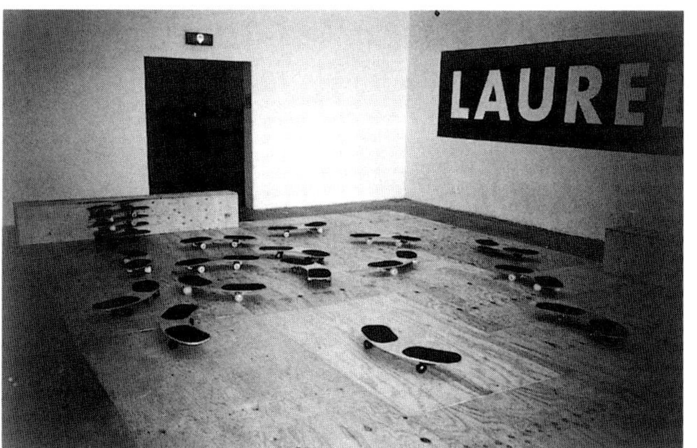

Gea Casolaro

Nata a/Born in Roma nel/in 1965.
Vive e lavora a/She lives and works
in Roma.

*Maybe in Sarajevo (Maybe in
Istambul)* (particolare/detail),
1998-1999
foto a colori su alluminio/color
photograph on aluminum,
cm. 40x60

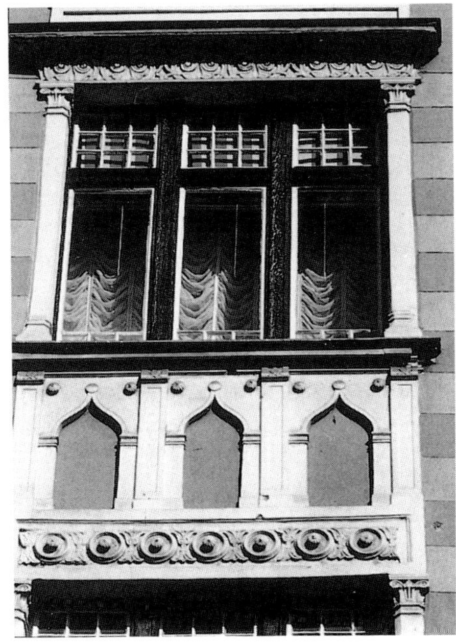

Piero Cattani

Nato a/Born in Soletta,
Switzerland, nel/in 1957. Vive
e lavora a/He lives and works
in Ravenna.

Diario, 2000

1
Ravenna,
...mi telefona per informarmi di avermi
segnalato per un concorso.
Accenna vagamente alle modalità di
partecipazione e alle opportunità che offre.

2
In un primo momento non do molta
importanza alla cosa, ma poi crescono in me
sensazioni di eccitazione per una possibile
vittoria e di frustrazione per una probabile
mancata selezione.

3
Ravenna,
ricevo il fax con l'invito ufficiale.
È bastato un attimo per pensare che questa
potrebbe essere una buona opportunità, per
capire che dovrei fare qualcosa.
Qualunque cosa.

4
Conosco la maggior parte dei componenti
della giuria.
Devo studiarli bene, chiedere informazioni
sulla loro vita, sul loro carattere.
Devo individuare chi, fra loro, può accettare.
Ne bastano due.

5
Ravenna,
decido comunque di fare una telefonata a tutti
col pretesto di chiedere informazioni sulla
documentazione da inviare, mi sarà utile per
capire se c'è disponibilità.

6
Inizio a chiamare, sono teso.
È un lavoro delicato, stressante, ma alla fine
individuo i due nomi.

7
Ravenna,
Chiamo, fisso un appuntamento.
(Sono stato più esplicito, ho usato termini
come *opportunità, necessità e riconoscenza
concreta*)

8
Milano,
PRIMO INCONTRO
Offro una considerevole somma per la
selezione.
Mi rendo disponibile a dare garanzie, ma...
mi risponde che non c'è alcun problema.
Ci stringiamo la mano.
(Ho registrato la conversazione)

9
Milano,
SECONDO INCONTRO
...è teso, diffidente, ma accetta.
Cerca qualche giustificazione, sembra quasi
volersi scusare.
Alla fine gradisce un assegno postdatato che
mi renderà in caso non dovesse andar bene.
Mi fido.
(Ho registrato la conversazione)

10
Tutto è accaduto così velocemente.
Un desiderio, una paura, una decisione.
Ora, che ho portato a termine il mio Progetto,
per la prima volta, mi fermo a pensare a ciò
che ho fatto.

Monica Cuoghi
e Claudio Corsello

Monica Cuoghi
Nata a/Born in Sermide, Mantova,
nel/in 1965.

Claudio Corsello
Nato a/Born in Bologna nel/in
1964.

Vivono e lavorano a/They live and
work in Bologna.

La donna elefante, 1999
peluche/stuffed toy, h./height
m. 2,20 in piedi/standing

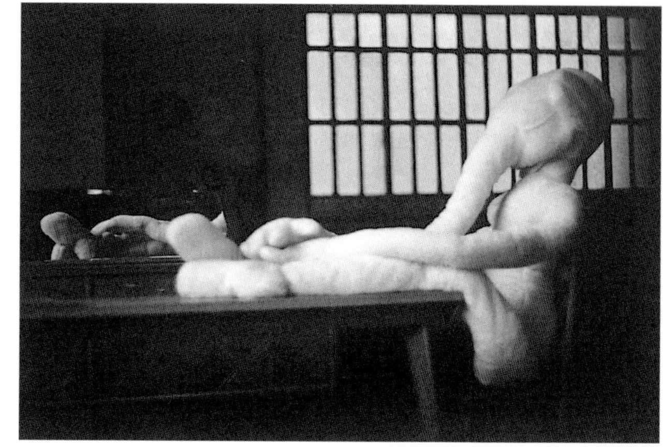

Daniele Puppi

Nato a/Born in Pordenone nel/in
1970. Vive e lavora a/He lives and
works in Roma.

Fatica n. 4, 1997
installazione video-sonora/
video-sound installation, Ex chiesa
di S. Rita, Roma

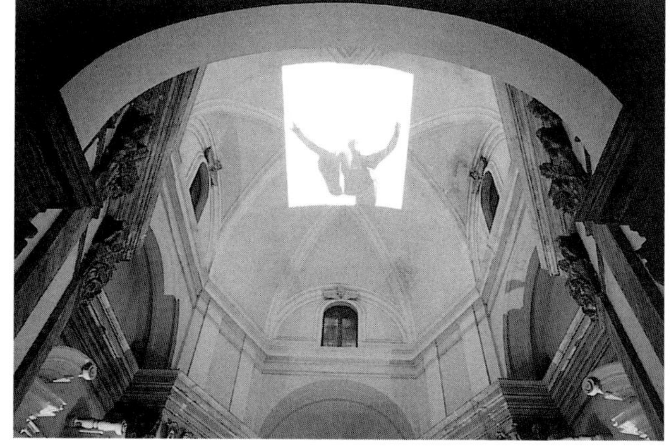

Guido Curto

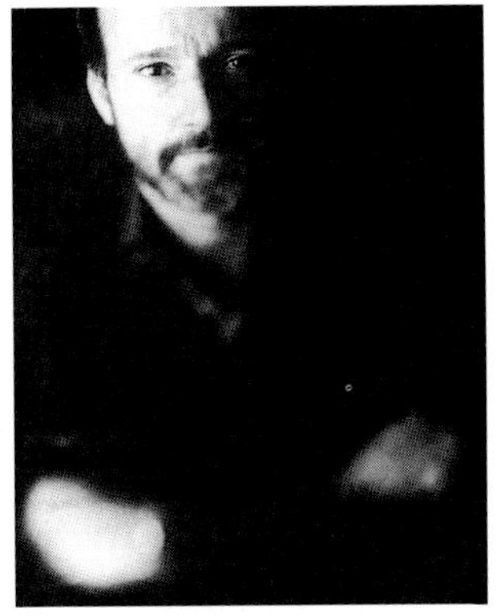

Guido Curto è critico d'arte, giornalista e docente di Storia dell'Arte all'Accademia di Belle Arti di Torino. Vive e lavora a Torino./Guido Curto is an art critic, journalist and professor of Art History at the Accademia di Belle Arti of Torino. He lives and works in Turin.
Per la prima selezione del Premio Querini-FURLA per l'arte ha invitato/For the first selection of Premio Querini-FURLA per l'arte she invited: Botto & Bruno, Daniele Galliano, Luisa Rabbia, Luigi Stoisa, Alessandra Tesi.

Botto & Bruno

Gianfranco Botto
Nato a/Born in Torino nel/in 1963.

Roberta Bruno
Nata a/Born in Torino nel/in 1966.

Vivono e lavorano a/They live and work in Torino.

Suburb's Island (particolare/ detail), 1999
carta da parati/wallpaper, m. 135, installazione/installation: Palazzo delle Papesse, Siena

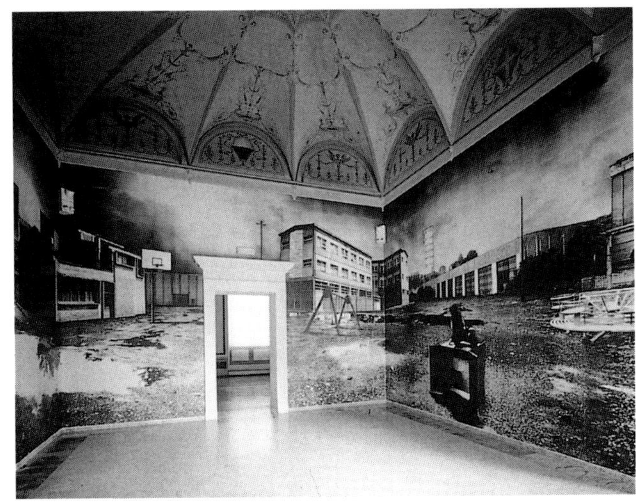

Daniele Galliano

Nato a/Born in Pinerolo, Torino,
nel/in 1961. Vive e lavora a/He lives
and works in Torino.

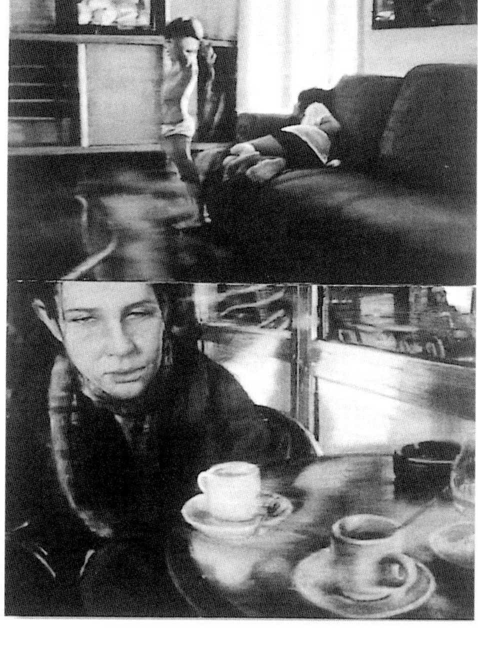

Madre con bambino, 1999
stampa fotografica/photograph,
cm. 40x100

Luisa Rabbia

Nata a/Born in Pinerolo, Torino,
nel/in 1970. Vive e lavora tra/She
lives and works between Milano
e/and New York.

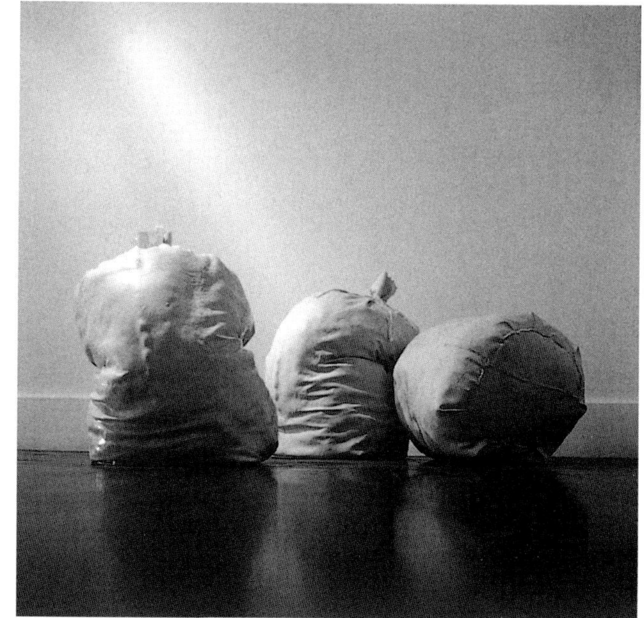

Ricordi, 1999
silicone, cm. 50x40x80 c., Courtesy
Ciocca Arte Contemporanea,
Milano

Luigi Stoisa

Nato a/Born in Selvaggio, Torino,
nel/in 1958. Vive e lavora a/He lives
and works in Selvaggio.

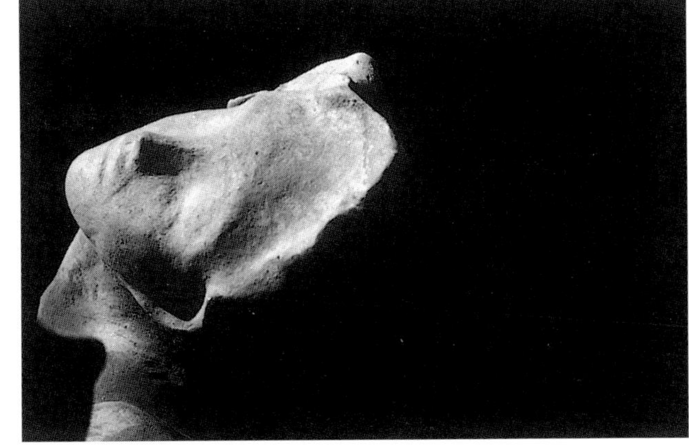

Abbraccio infinito (particolare/
detail), 1998, terracotta,
cm. 200x160

Alessandra Tesi

Nata a/Born in Bologna nel/in 1969.
Vive e lavora tra/She lives and works
between Bologna e/and Parigi.

Interference Pearl, 1999
disegno realizzato nell'ambiente con
acrilico iridescente e colori interferenti,
in base all'elaborazione al computer
della sua proiezione nello spazio/drawing
created in the enviroment with iridescent
acrylics and interacting colors based on a
digital elaboration of its space projection,
dimensioni variabili/ variable
dimensions, Castello di Rivoli, Torino

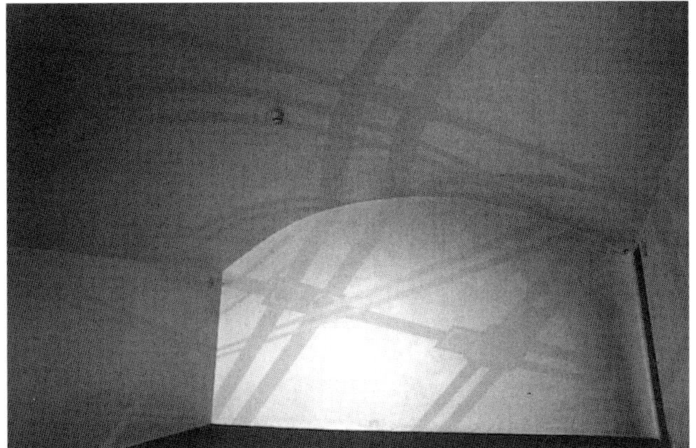

Emanuela De Cecco

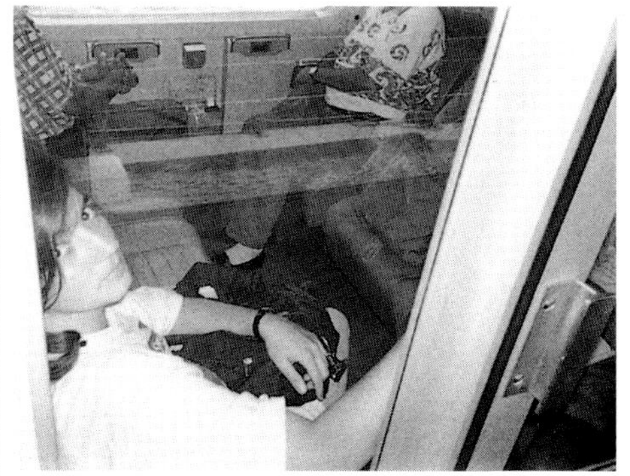

Emanuela De Cecco è critica d'arte, curatrice indipendente, docente di Cultura dell'Immagine all'Università dell'Immagine di Milano. Vive e lavora a Milano./ Emanuela De Cecco is an art critic, independent curator, professor of Image Culture at the Università dell'Immagine, Milan. She lives and works in Milan.

Per la prima selezione del Premio Querini-FURLA per l'arte ha invitato/For the first selection of Premio Querini-FURLA per l'arte she invited: A12 (gruppo/group), Laura Mattei, Norma Jeane, Roberta Piccioni, Stalker (gruppo/group).

AI2 (gruppo/group)

Vive e lavora a/It lives and works in Milano.

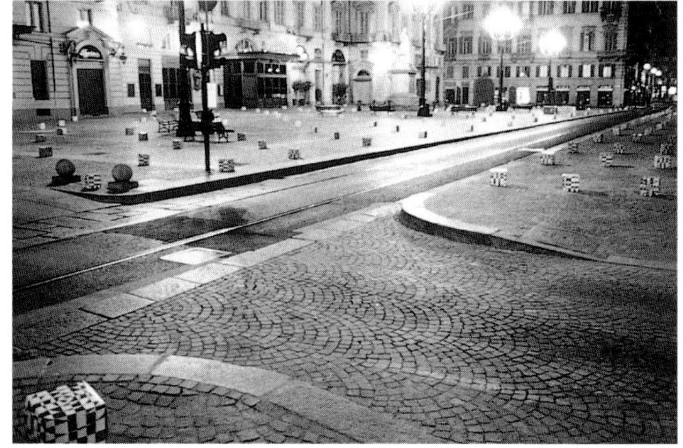

Epidemie urbane, 1997
installazione: cubi di cartone/
installation: cardboard cubes, due
dimensioni/two dimensions:
cm. 15x15; cm. 40x40

Laura Matei

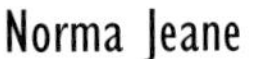

Nata in/Born in Romania nel/in
1965. Vive e lavora a/She lives and
works in Milano.

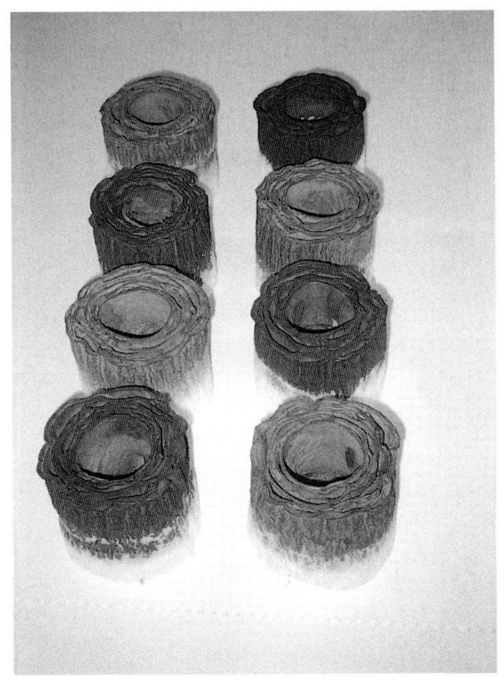

Rose, 1999
carta igienica, acquarello/toilet
paper, watercolor, grandezza
naturale/life-size

Norma Jeane
(pseudonimo di/pseudonym of
Luca Forcolini)

Nato a/Born in Milano nel/in 1965.
Vive e lavora a/He lives and works
in Milano.

*RPM/ In the absence of her
mistress the bitch jerks off
sceaming/rough mix*, 1999
installazione/installation,
dimensioni variabili/variable
dimensions

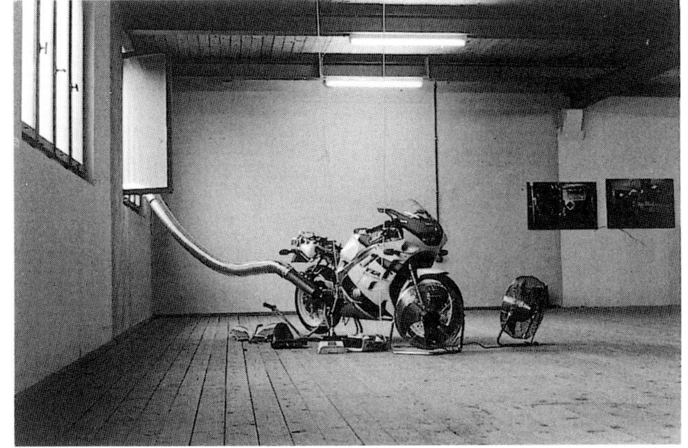

Roberta Piccioni

Nata a/Born in Riccione nel/in
1967. Vive e lavora a/She lives and
works in Riccione.

Materassi, 2000
tre storie/three stories, video

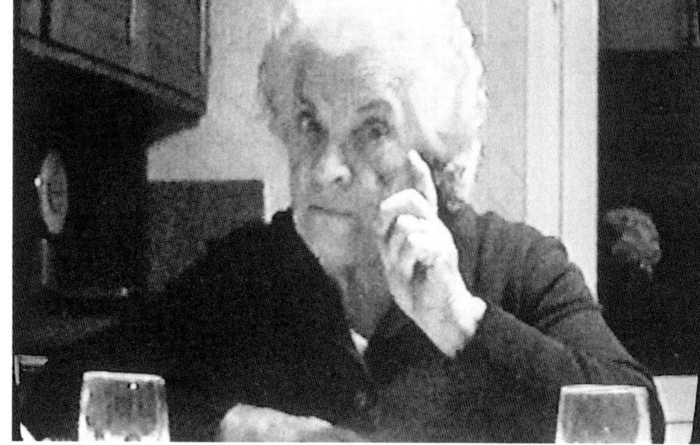

Stalker (gruppo/group)

Vive e lavora a/It lives and works in
Roma.

Una strada blu d'asfalto.
Walkabout Pasolini, 1995
installazione/installation: vernice
blu e poesia/blue paint and poetry,
Via del Mandrione, Roma,
dimensioni variabili/variable
dimensions, Courtesy Romolo
Ottaviani

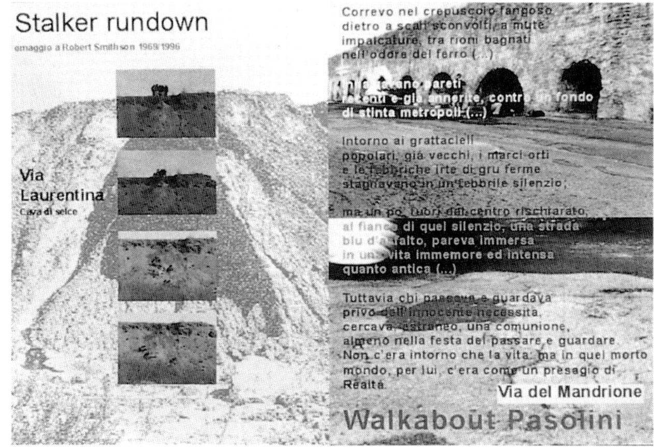

Paolo Falcone

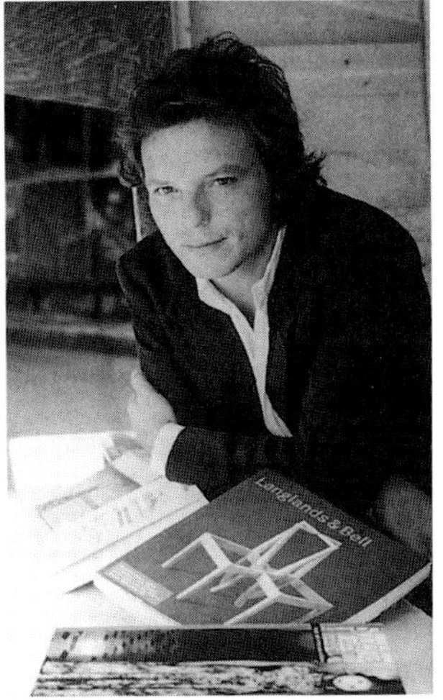

Paolo Falcone è curatore indipendente. Vive e lavora a Palermo./Paolo Falcone is an indipendent curator. He lives and works in Palermo.
Per la prima selezione del Premio Querini-FURLA per l'arte ha invitato/For the first selection of Premio Querini-FURLA per l'arte he invited: Maurizio Cattelan, Eva Marisaldi, Dario Riccobono e/and Carmen Scotti, Giuseppe Stassi, Luca Vitone.

Maurizio Cattelan

Nato a/Born in Padova nel/in 1960.
Vive e lavora tra/He lives and works between Milano e/and New York.

Mother (dettaglio/detail), 1999
fachiro, sabbia, dimensioni variabili/fakir, sand, variable dimensions, XLVIII Biennale di Venezia, Arsenale

Eva Marisaldi

Nata a/Born in Bologna nel/in
1966. Vive e lavora a/She lives and
works Bologna.

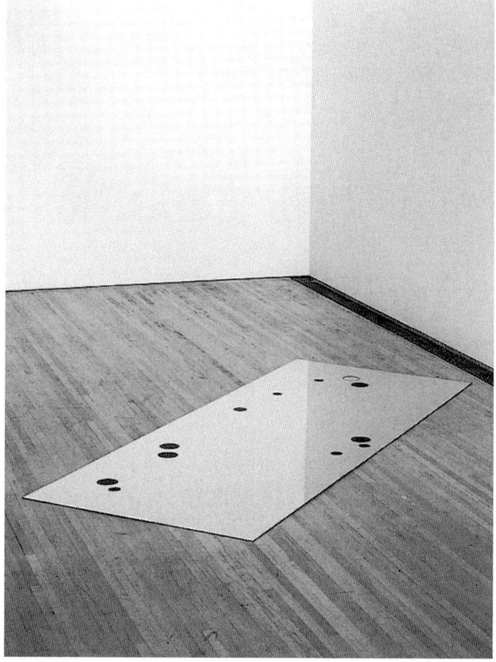

Altro Ieri, 1993
1 specchio grande, 12 specchi
piccoli/1 big mirror, 12 little
mirrors, cm. 285x110
Courtesy Galleria Massimo De
Carlo, Milano

Dario Riccobono
e Carmen Scotti

Dario Riccobono
Nato a/Born in Palermo nel/in 1973.

Carmen Scotti
Nata a/Born in Messina nel/in 1973.

Vivono e lavorano a/They live and
work in Palermo

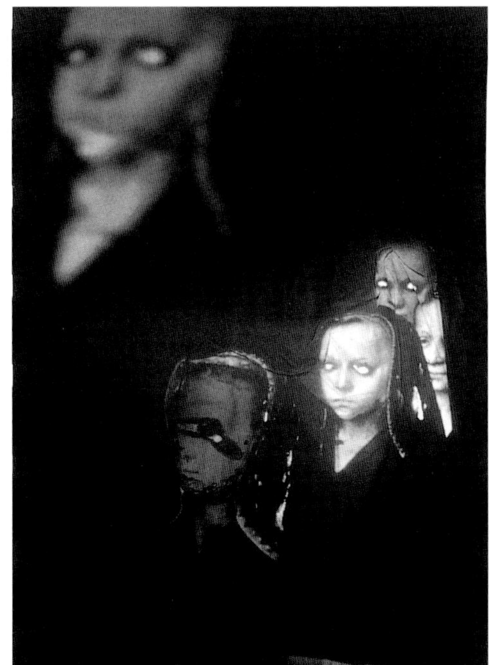

Genéa, 1998-99
tecnica mista/mixed media

Giuseppe Stassi

Nato a/Born in Palermo nel/in 1973. Vive e lavora a/He lives and works in Palermo.

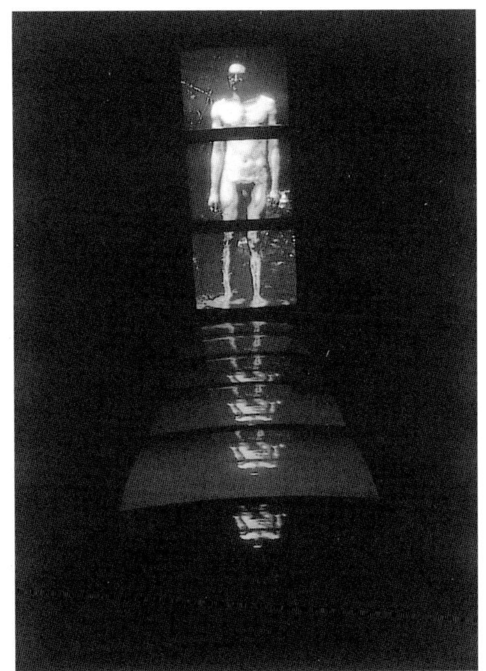

Né di nuovo, né più tardi, 2000
videoinstallazione/
video-installation

Luca Vitone

Nato a/Born in Genova nel 1964. Vive e lavora a/He lives and works in Milano.

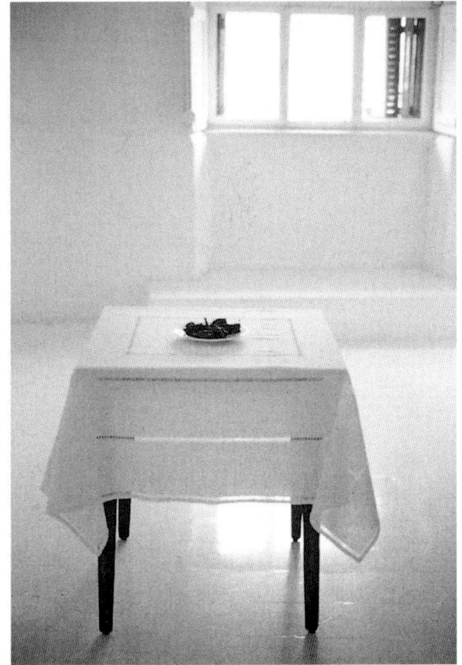

Coppie, 2000
tavolo, tovaglia, piatto, carne di cavallo/table, tablecloth, dish, horse meat, cm. 85x70x70
Courtesy, Galleria Emi Fontana, Milano

Alessandra Galletta

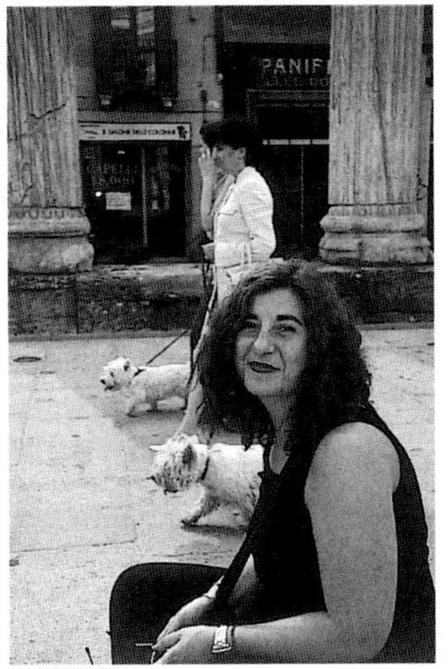

Alessandra Galletta è critica d'arte, curatrice indipendente, autore televisivo e collabora al mensile di cultura contemporanea "Kult". Vive e lavora tra Venezia e Milano./ Alessandra Galletta is an art critic, indipendent curator, T.V. author and contributes to the monthly contemporary cultural magazine *Kult*. She lives and works in Venice and Milan.
Per la prima selezione del Premio Querini-FURLA per l'arte ha invitato/For the first selection of Premio Querini-FURLA per l'arte she invited: Marco De Luca, Elisabetta Di Maggio, Eredi Brancusi, Marzia Migliora, Alex Pinna.

Marco De Luca

Nato a/Born in Torino nel/in 1964. Vive e lavora a/He lives and works in Torino.

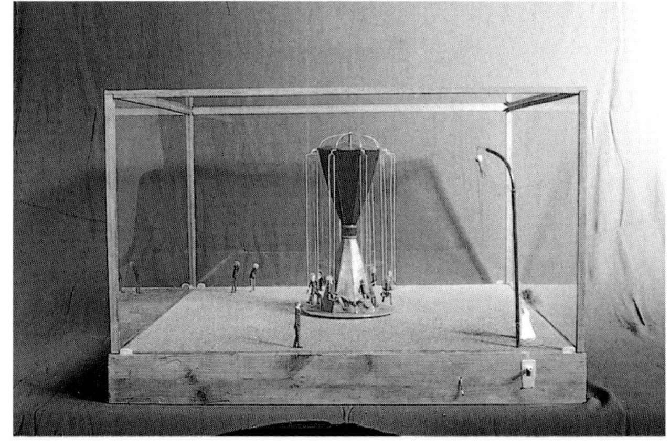

Giostra, serie/series *In vitro*, 1999 materiali vari, circuito elettrico e movimento meccanico/various material, electrical circuit, mechanical movement, cm. 41x62x62

Elisabetta Di Maggio

Nata a/Born in Milano nel 1964.
Vive e lavora a/She lives and works
in Venezia.

Il corredo, 1997
carta, zucchero/paper, sugar,
dimensioni varibili/variable
dimensions

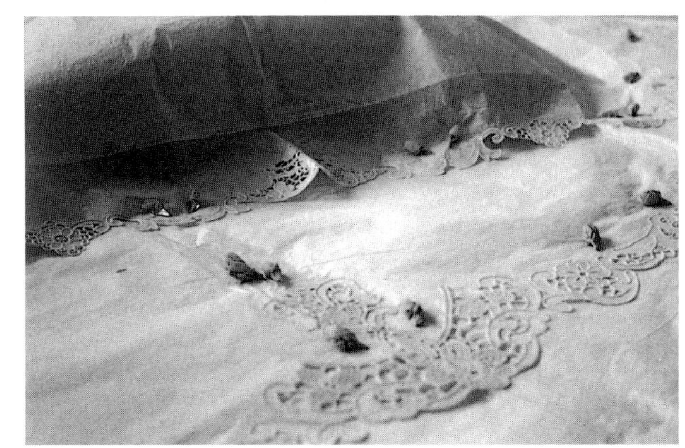

Eredi Brancusi (gruppo/group)

Vivono e lavorano a/They live and
work in Cherasco, Torino.

Bosco (particolare: lapide *Dorian
Gray*/detail: tombstone *Dorian
Gray*), 1999-2000
lapidi in marmo, pietra, legno,
incise e posizionate in un bosco
cintato/tombstones made of
marble, stone, wood, engraved and
set in a fenced-in forest, dimensioni
variabili/variable dimensions

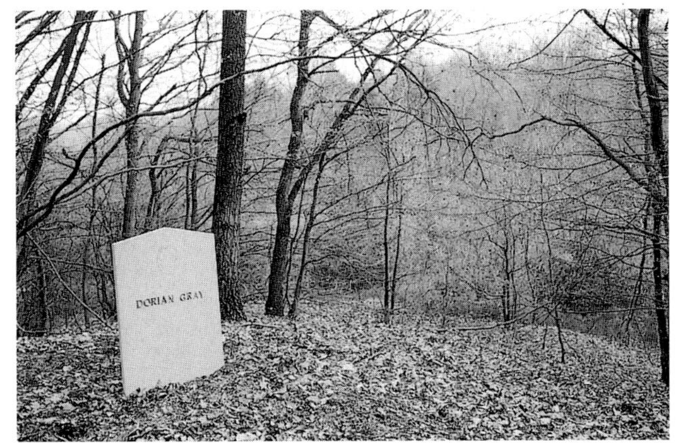

Marzia Migliora

Nata a/Born in Alessandria nel/in
1972. Vive e lavora a/She lives and
works in Frescondino, Alessandria.

CHI C'è Cè..., 2000
stampa fotografica su cornici di
legno/photograph on wooden
frames, cm. 110x70

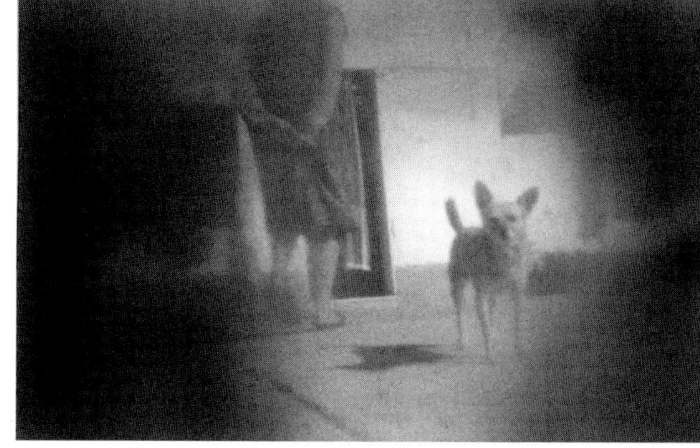

Alex Pinna

Nato a/Born in Imperia nel/in 1967.
Vive e lavora a/He lives and works
in Milano.

Centostelle, 1999
carta pregiata/high-quality paper,
cm. 220x140x160, Courtesy Ciocca
Arte Contemporanea, Milano

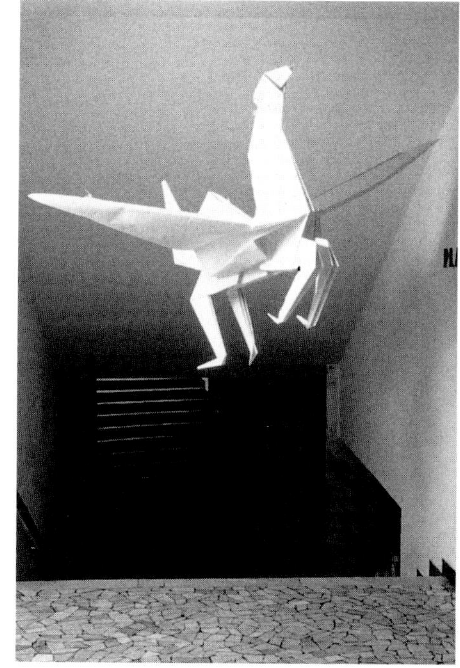

Guido Molinari

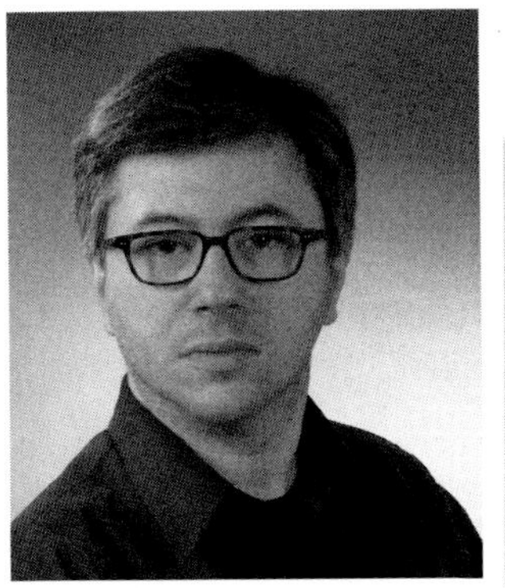

Guido Molinari è critico d'arte, collabora con "Flash Art", insegna Storia del Design all'ISIA di Faenza e all'Istituto Europeo di Design di Milano. Vive e lavora tra Bologna e Milano./Guido Molinari is an art critic, he works with *Flash Art* and teaches History of Design at ISIA in Faenza and the Istituto Europeo di Design in Milan. He lives and works between Bologna and Milan.
Per la prima selezione del Premio Querini-FURLA per l'arte ha invitato/For the first selection of Premio Querini-FURLA per l'arte she invited: Carlo Benvenuto, Marco Boggio Sella, Pierpaolo Campanini, Mauro Vignando, Sisley Xhafa.

Carlo Benvenuto

Nato a/Born in Stresa, Novara, nel/in 1966. Vive e lavora a/He lives and works in Milano.

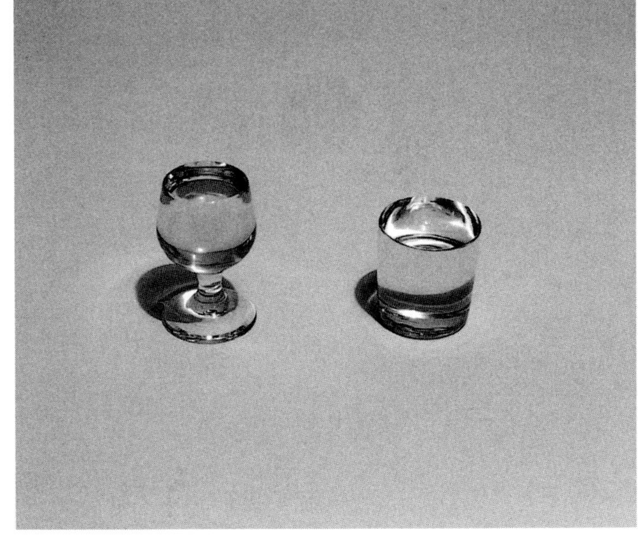

Senza titolo, 1999
sculture in vetro di Murano/
Murano glass sculptures, ø cm. 8,
cm. 9.5, Courtesy Emilo Mazzoli,
Modena

Marco Boggio Sella

Nato a/Born in Torino nel/in 1972.
Vive e lavora tra/He lives and works
between New York e/and Milano.

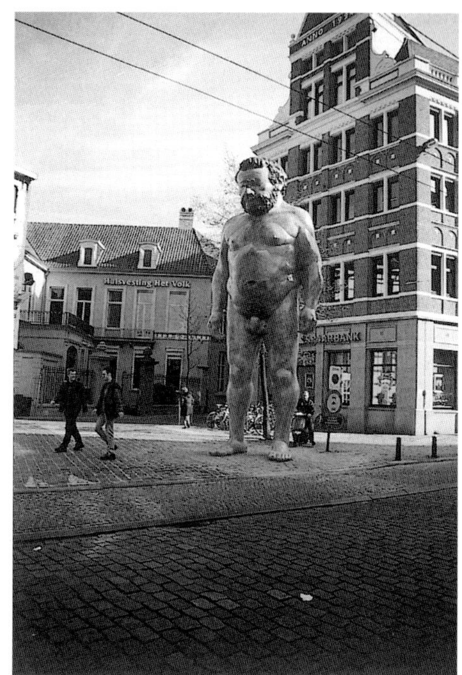

Cyclope, 2000
fibra di vetro, pittura ad olio/
fibreglass, oil painting, m.7

Pierpaolo Campanini

Nato a/Born in Cento, Ferrara,
nel/in 1964. Vive e lavora a/He lives
and works in Cento.

Senza titolo, 1999
olio su tela, sfera di legno con
altoparlante che emette "rumore
bianco"/oil on canvas, woof sphere
with loudspeaker emitting "white
noise", cm. 295x190

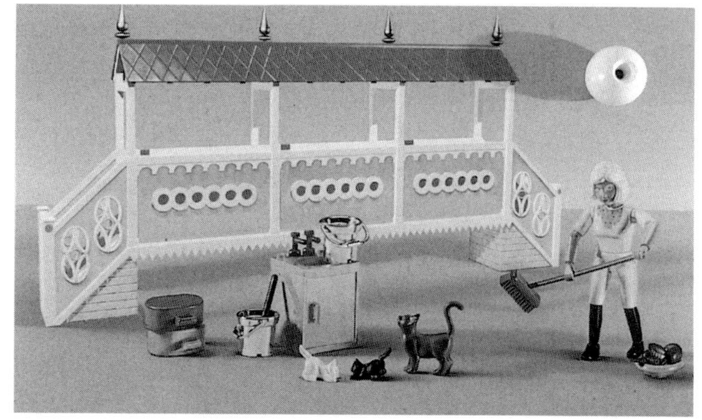

Mauro Vignando

Nato a/Born in S.Vito al
Tagliamento, Pordenone, nel/in
1969. Vive e lavora a/He lives and
works in Pordenone.

24 gennaio - primo rilievo solare
(particolare/detail), 2000
bruciatura su PVC con lente di
ingrandimento/burnt on PVC with
magnifying glass, cm. 80x100

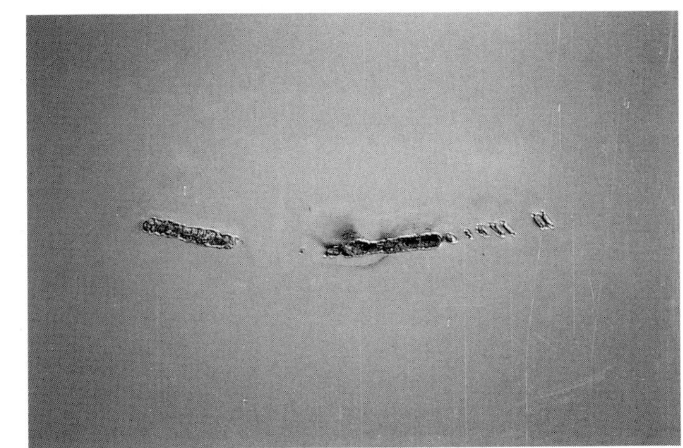

Sisley Xhafa

Nato in/Born in Kosovo (Albania)
nel/in 1970. Vive e lavora a/He lives
and works in S. Giuliano Terme,
Pisa.

*Uomini per le donne di Vanessa
Beecroft,* 1998
foto/photograph, cm. 100x70,
Collezione privata/Private
Collection e/and Galleria Laura
Pecci, Milano

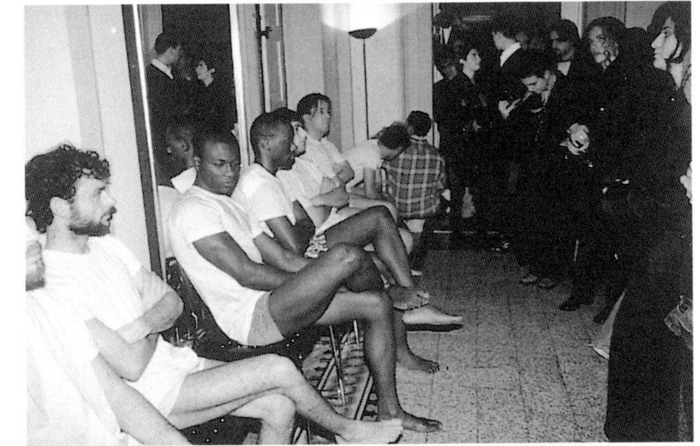

Francesca Pasini

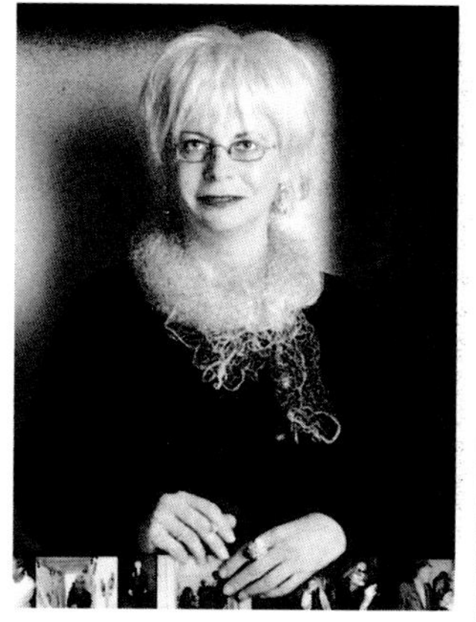

Francesca Pasini è critica d'arte. Curatrice indipendente, collabora a "Artforum", "Secolo XIX", "Diario della settimana", è docente al Master in Fine Arts della New York University a Venezia. Vive e lavora a Milano./Francesca Pasini is an art critic. Independent curator, she works on *Art Forum*, *Secolo XIX*, and *Diario della settimana*; she lectures on a Master in Fine Arts program at the New York University in Venice. She lives and works in Milan.

Per la prima selezione del Premio Querini-FURLA per l'arte ha invitato/For the first selection of Premio Querini-FURLA per l'arte she invited: Filippo La Vaccara, Sabrina Mezzaqui, Elisa Sighicelli, Sabrina Torelli, Francesco Vezzoli.

Filippo La Vaccara

Nato a/Born in Catania nel/in 1972. Vive e lavora a/He lives and works in Catania.

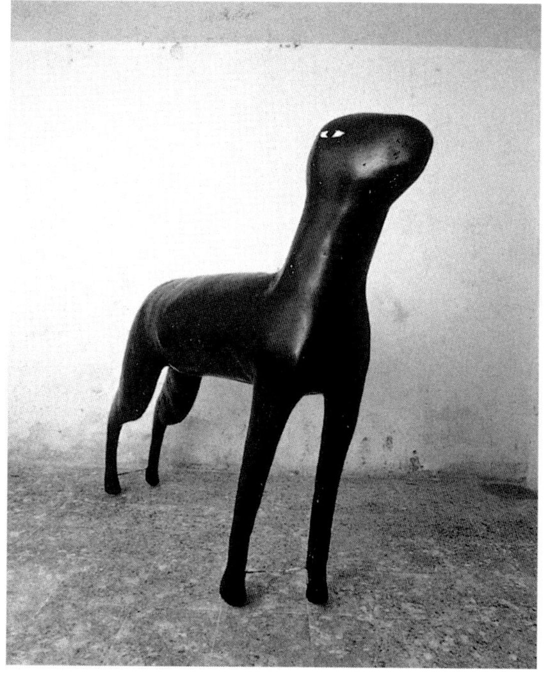

Senza titolo, 2000
gesso dipinto/painted chalk,
cm. 132x31x66, Courtesy Galleria
Salvatore+Caroline Ala, Milano

Sabrina Mezzaqui

Nata a/Born in Bologna nel/in
1964. Vive e lavora a/She lives and
works in Bologna.

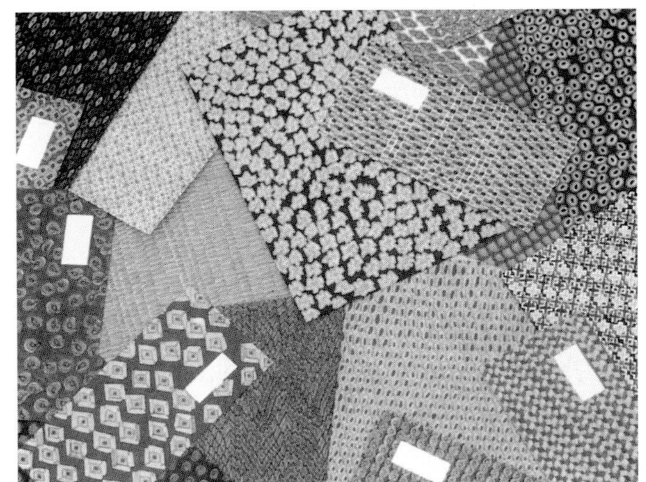

Cento di questi giorni
(particolare/detail), 1996-1997
pennarello su fogli e buste, 200
elementi/felt-tip pen on papers and
envelops, 200 elements, dimensioni
variabili/variable dimensions.
100 lettere spedite in 100 giorni
allo stesso destinatario/100 letters
sent in 100 days to the same
addressee

Elisa Sighicelli

Nata a/Born in Torino nel/in 1968.
Vive e lavora a/She lives and works
in London.

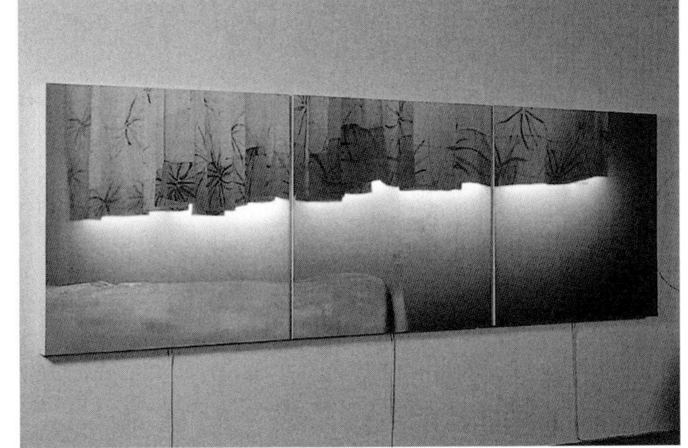

Tenda, 2000
3 fotografie su light-box/
3 photographs on light-box,
cm. 354x112x7, Courtesy Laure
Genillard Gallery, Londra

Sabrina Torelli

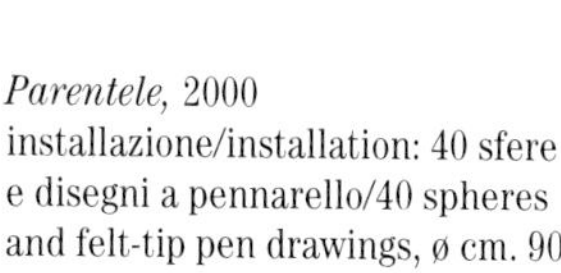

Nata a/Born in Reggio Emilia nel/in
1966. Vive e lavora a/She lives and
works in Bologna.

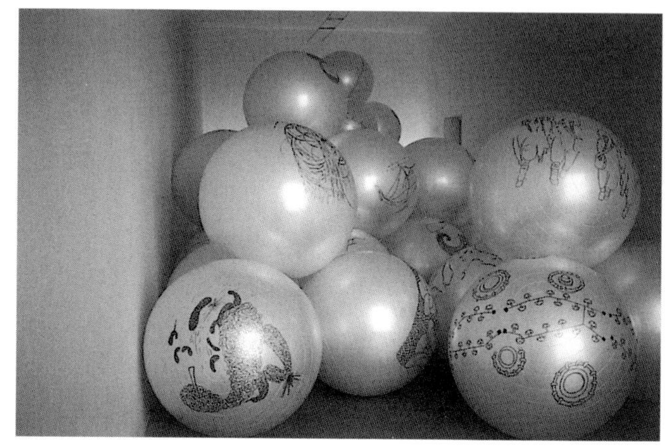

Parentele, 2000
installazione/installation: 40 sfere
e disegni a pennarello/40 spheres
and felt-tip pen drawings, ø cm. 90

Francesco Vezzoli

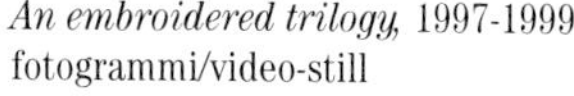

Nato a/Born in Brescia nel/in 1971.
Vive e lavora a/He lives and works
in Milano.

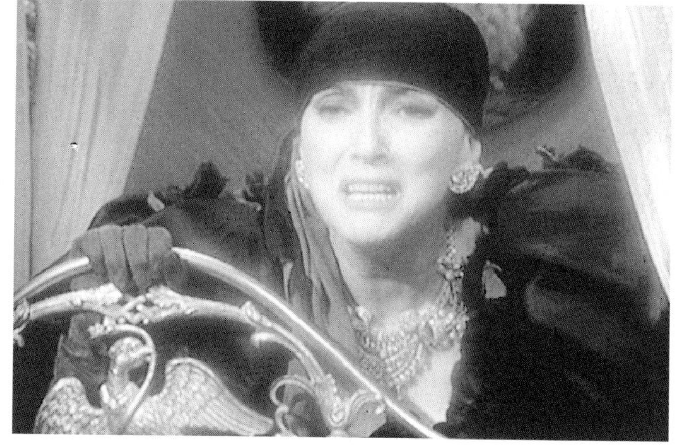

An embroidered trilogy, 1997-1999
fotogrammi/video-still

Roberto Pinto

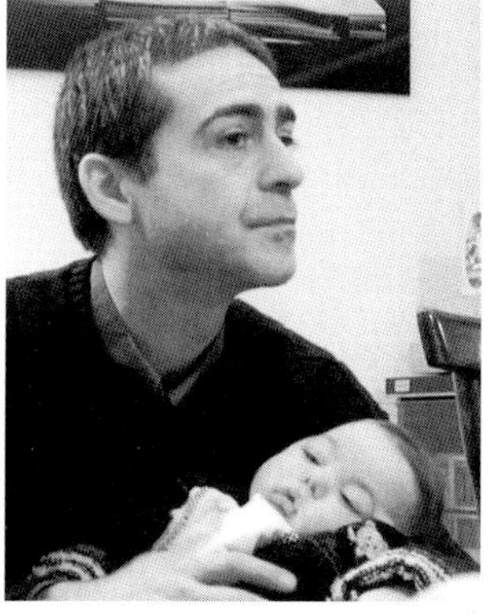

Roberto Pinto è critico d'arte, curatore e responsabile dei programmi del Progetto Giovani del Comune di Milano. Vive e lavora a Milano./Roberto Pinto is an art critic, curator and director of programs of "Progetto Giovani" of the Comune of Milan. He lives and works in Milan.
Per la prima selezione del Premio Querini-FURLA per l'arte ha invitato/For the first selection of Premio Querini-FURLA per l'arte he invited: Stefano Arienti, Marcello Maloberti, Ottonella Mocellin, Enzo Umbaca, Undo.Net (gruppo/group).

Stefano Arienti

Nato a/Born in Asola, Mantova, nel/in 1961. Vive e lavora a/He lives and works in Milano.

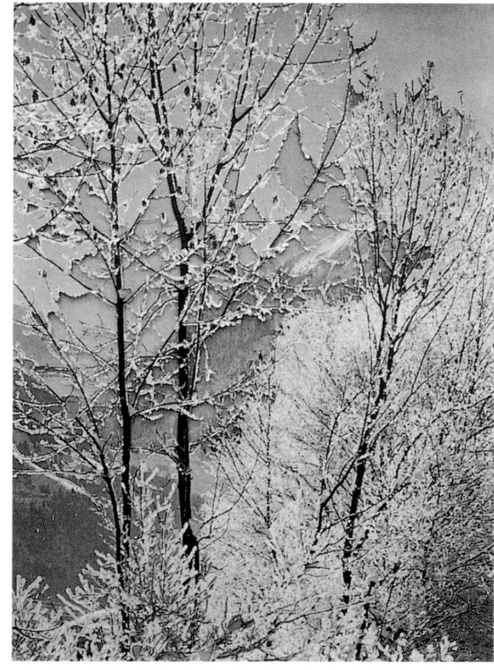

Senza titolo, 1998
poster tagliato/cut poster, cm. 132x97, Courtesy Studio Guenzani, Milano

Marcello Maloberti

Nato a/Born in Codogno, Lodi,
nel/in 1966. Vive e lavora a/He lives
and works in Casalpusterlengo,
Milano.

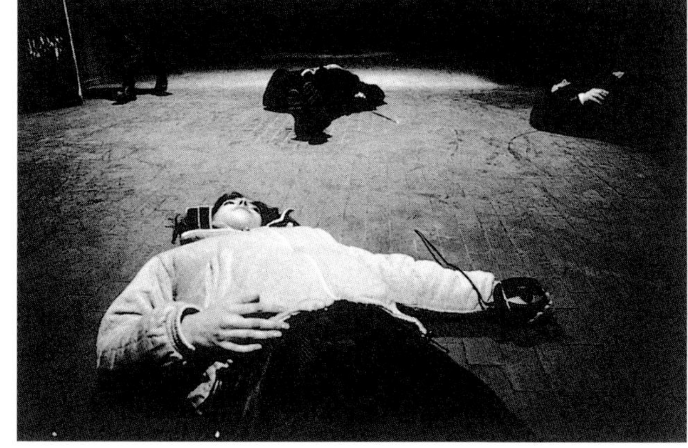

Voglio che si sappia, (dettaglio/
detail), 2000
performance

Ottonella Mocellin

Nata a/Born in Milano nel/in 1966.
Vive e lavora a/She lives and works
in Milano.

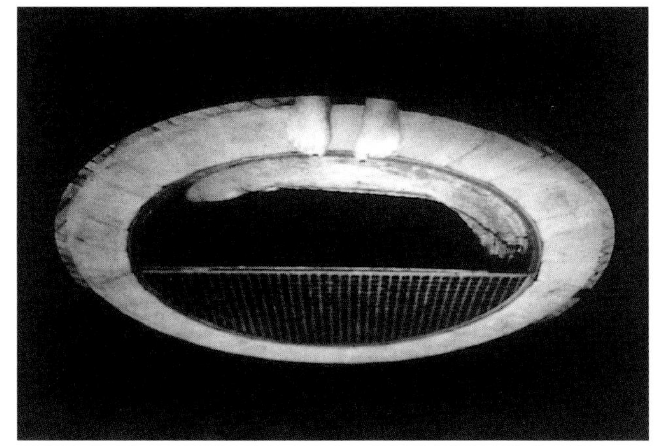

*And then she said morbidly, that
would a good place to die,* 1999
installazione con diaproiezione/
installation with slide projection,
Courtesy Luigi Franco, Torino

Enzo Umbaca

Nato a/Born in Caulonia, Reggio
Calabria, nel/in 1960. Vive e lavora
a/He lives and works in Milano.

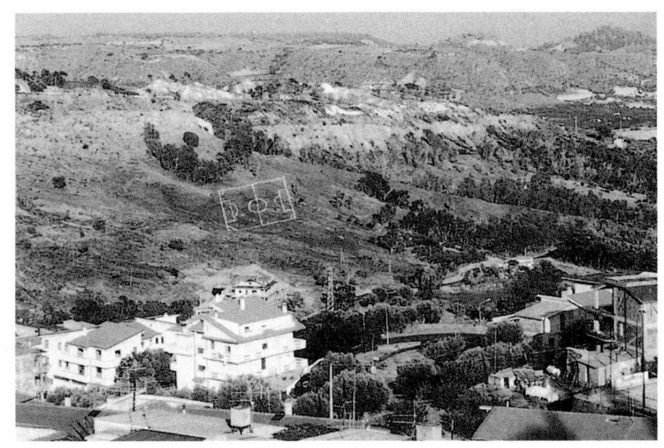

Furigioco, 1998
anamorfosi, disegno con polvere di
calce/anamorphosis, drawing with
chalk powder, m. 80x110

Undo.Net (gruppo/group)

Vive e lavora a/It lives and works in
Milano.

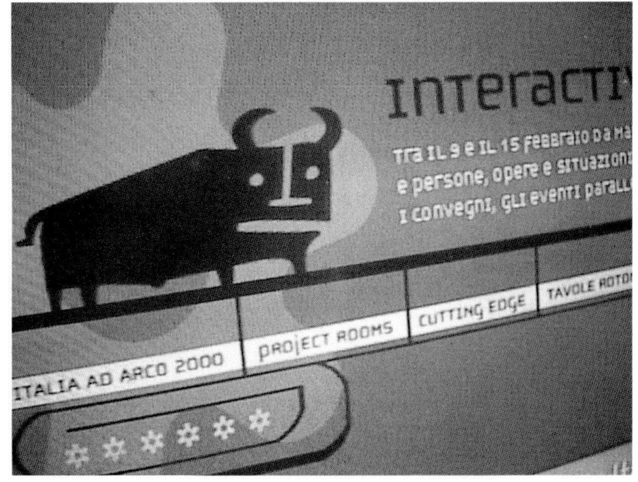

Interactive Diaries (particolare/
detail)
reportage, Fiera ARCO2000,
Madrid www.undo.net/arcomadrid

Ludovico Pratesi

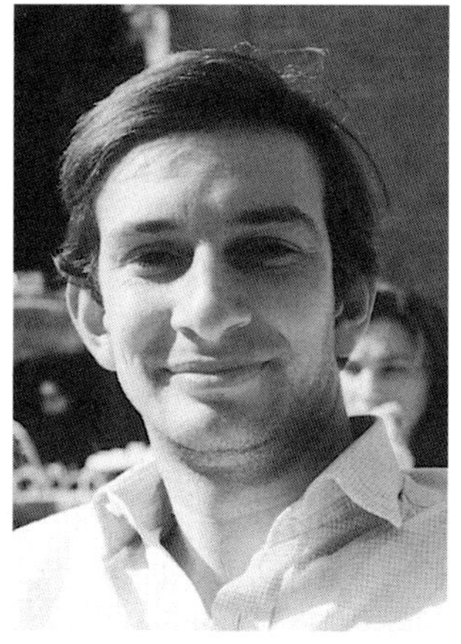

Ludovico Pratesi è critico d'arte, curatore indipendente, consigliere di amministrazione della Quadriennale di Roma, segretario sezione nazionale dell'AICA, condirettore della rivista "Artel, fenomeni contemporanei". Vive e lavora a Roma./Ludovico Pratesi is an art critic, indipendent curator, director of the Rome Quadriennale, secretary of the national section of AICA, co-director of the magazine *Artel, fenomeni contemporanei*. He lives and works in Rome.
Per la prima selezione del Premio Querini-FURLA per l'arte ha invitato/For the first selection of Premio Querini-FURLA per l'arte she invited: Bianco & Valente, Andrea Malizia, Nathalie Périssé, Simone Racheli, Maurizio Savini.

Bianco & Valente

Giovanna Bianco
Nata a/Born in Latronico, Potenza, nel/in 1962.

Pino Valente
Nato a/Born in Napoli nel/in 1967.

Vivono e lavorano a/They lives and works in Napoli.

The whole nothing I am, 1998
videoinstallazione: videoproiettore, palloncino/video-installation: video-projection, balloon, dimensioni variabili/variable dimension, Courtesy Galleria Alfonso Artiaco, Pozzuoli, Napoli

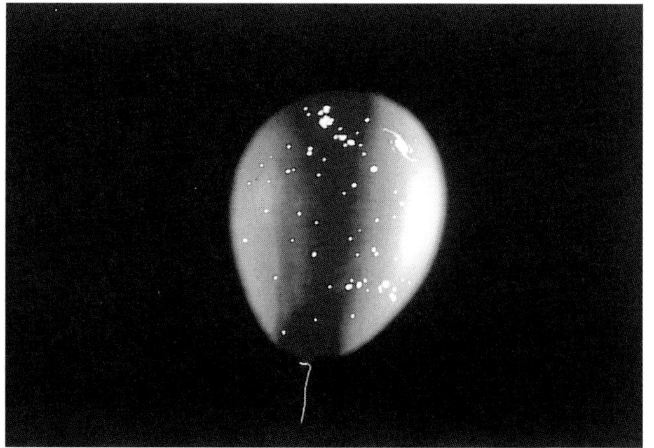

Andrea Malizia

Nato a/Born in Recanati, Macerata,
nel/in 1973. Studia e lavora a/He
studies and works in Roma.

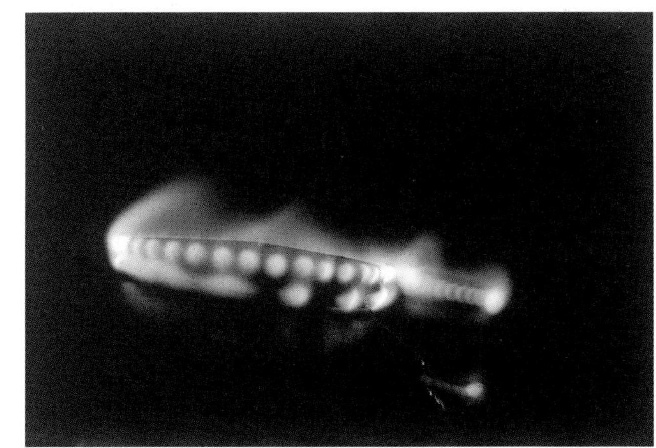

Serie/Series *Fornelli*, 1999
stampa fotografica/photograph,
cm. 150x100

Nathalie Périssé

Nata a/Born in Roma nel/in 1967.
Vive e lavora a/She lives and works
in Roma.

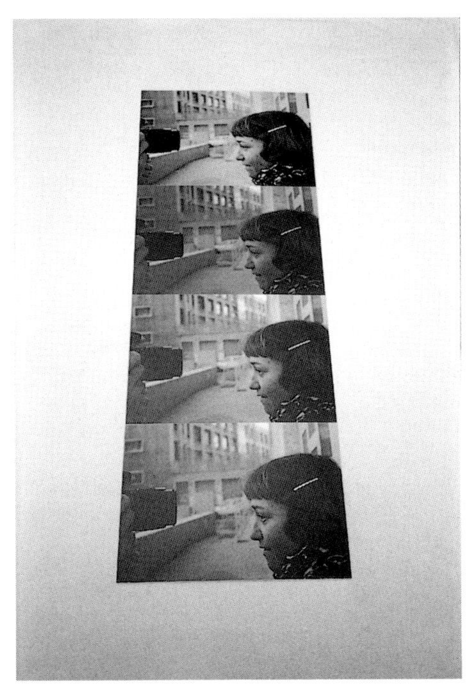

Condominio Con-Dominio, 1998
fotografie su alluminio plastificato
opaco/photographs on mat
plasticized aluminum, cm. 80x30

Simone Racheli

Nato a/Born in Firenze nel/in 1966.
Vive e lavora a/He lives and works
in Roma.

Senza titolo, 1999
smalti su vetroresina, tecnica
mista, olio/enamel on fiberglass,
mixed media, oil, grandezza
naturale/life-size

Maurizio Savini

Nato a/Born in Roma nel/in 1963.
Vive e lavora a/He lives and works
in Roma.

Mobile con prisma
chewing gum, cm. 218x102x90

Finito di stampare nel giugno 2000
da Leva spa, Sesto San Giovanni
per conto di Edizioni Charta